鱼雁往来

——写给中学生的尺牍书法导读

贾　鹏　王艳玺 ◎ 著

知识产权出版社
全国百佳图书出版单位
—北京—

图书在版编目（CIP）数据

鱼雁往来：写给中学生的尺牍书法导读 / 贾鹏，王艳玺著. -- 北京：知识产权出版社，2021.9
ISBN 978-7-5130-7223-6

Ⅰ.①鱼… Ⅱ.①贾… ②王… Ⅲ.①书法课—中学—教学参考资料
Ⅳ.①G634.955.3

中国版本图书馆CIP数据核字（2020）第191821号

内容提要

本书从"尺牍"书法作品的赏析入手，以小见大，向读者展示出中国博大精深的书法历史文化。尺牍作为书信往来的基本形式，明显区别于"官式""馆阁体"等公文或官方书法样式，充满烟火气和人情味，质朴天然，具有生命力和艺术价值。通过本书的介绍，读者不仅能够学到书法方面的知识，还能了解相关的书法名家生平及古代医药、饮食文化。本书对于书法初学者和相关传统文化爱好者具有学习和参考价值。

责任编辑：卢媛媛   责任印制：刘译文

鱼雁往来——写给中学生的尺牍书法导读
YUYAN WANGLAI——XIEGEI ZHONGXUESHENG DE CHIDU SHUFA DAODU
贾　鹏　王艳玺　著

出版发行：知识产权出版社有限责任公司
电　　话：010-82004826
社　　址：北京市海淀区气象路50号院
责编电话：010-82000860转8597
发行电话：010-82000860转8101
印　　刷：三河市国英印务有限公司
开　　本：720mm×1000mm　1/16
版　　次：2021年9月第1版
字　　数：125千字
网　　址：http://www.ipph.cn
　　　　　http://www.laichushu.com
邮　　编：100081
责编邮箱：luyuanyuan@cnipr.com
发行传真：010-82000893
经　　销：各大网上书店、新华书店及相关专业书店
印　　张：9.5
印　　次：2021年9月第1次印刷
定　　价：58.00元
ISBN 978-7-5130-7223-6

筹备委员会名单

吕　丽　　齐　洽

高　玲　　王建辉

王艳玺　　陈永兴

贾　鹏　　邰世民

杨谷怀　　江子安

云朵开始学变形，学着怎么走路，它也试过做别的事，但是都没有成功。譬如说在一个地方停留，风把它吹得东倒西歪，让它无法停留。

—— 乔子颢

前言

　　前面这段文字是一位八岁的小学生仿写的段落。每次读到它时，我总会因为笔迹中蕴含的细腻情感被缓缓地描述出来而泪目。我把它放在卷首，是因为书法的初学者很像语文的仿写者。别人的点画模仿成自己的点画，别人的结构学成自己的结构，别人的书写节奏也换成了自己的节奏，直到别人的生命体验也像极了自己。在这样不知不觉的"仿写"中，缓缓放下自己，缓缓地，每一颗心灵都将在书法艺术的微风中得到熏陶。

　　我希望，这个孩子能继续用柔软的心灵体悟人生种种，慢慢感受，慢慢为自己的生命积累所感动，也能慢慢结识艺术，慢慢在艺术中安放心灵的家。还希望，当这个孩子阅读得足够多时，不会嫌弃我写得不好……

目录

　　"尺牍"和"尺素"都可以作为书信的代称。但是，这两个词语是怎么来的，是否可以完全等同于"书信"，还需要一些深入的发掘和探讨。

　　东汉大思想家王充在《论衡·量知篇》中提到："截竹为筒，破以为牒，加笔墨之迹，乃成文字，大者为经，小者为传记。断木为椠，析之为板，力加刮削，乃成奏牍。"这两句话详细地描述了古人用竹、木制作牒、牍的过程，而牒、牍正是纸张发明之前，我国最为普及的书写材料竹简和木简。因此"牍"就成了所有文案的代称，比如"案牍""公牍""文牍"等。

　　"尺牍"成为"书信"的代名词要从《说文解字》说起。

　　《说文解字》提到，"简""牍""牒"这几个字的解释分别为"简，牒也""牒，札也""牍，书版也"。可见，它们都是用于书写的竹板、木板。但不同朝代、不同地域，尤其是不同用途的简牍，在规格上却有着很大的差别。

　　湖南云梦出土的"睡虎地秦简"中的《秦律十八种》简长

27.5 厘米，《法律答问》简长 25.5 厘米。湖北荆门出土的"郭店战国楚简"，简长则为 31.6 厘米，但同样是荆门出土的"包山楚简"简长竟达 68.5 厘米。由此可见，先秦制作竹简并无统一之规，由此推断制简可能以各地的习惯和方便为准。

汉代可能对竹简的长度做过统一的规定，比如流传最广的说法为：写律令的竹简长三尺（约 69 厘米），因此有"三尺法""三尺律令"的说法；写六经的竹简长二尺四寸（约 55 厘米），《论衡·谢短篇》就有"二尺四寸，圣人之语"的说法；写诏书的竹简长一尺一寸（约 25 厘米），称为"尺一"；民间使用的竹简则长一尺（约 23 厘米），称为"尺牍"。可见尺牍原本并不是书信的代称，但因为民间除书信外很少写别的内容，所以尺牍才逐渐演变为书信的代称。

"尺牍"是否等同于书信仍有待商榷。虽然不同朝代，不同地域，不同用途的简牍规格不一，但受到材料本身和方便使用这两个因素的制约，每片简牍上可以书写的文字都是非常有限的。睡虎地秦简一般在 30 字左右，最多的也不过 49 字，按照这个标准计算，即便三尺长的竹简可书写的量也不会多于 100 字。因此"尺牍"作为书信代名词的时候，一般特指短小随意的小品，而不能代指冗长严整的书信。

而"尺素"只是变换了书写材料，发展轨迹和所指含义与"尺牍"相差无几。《说文解字》中对素的解释为"白緻繒也"，即一种白色的丝织物。素作为书写材料虽然比简牍方便得多，但成本却也高出许多，因此使用范围要比简牍小得多。尺素也有过不少出土实物，比如长沙子弹库楚帛书，长沙马王堆汉帛书，敦煌马圈湾汉帛书等。

以《汉书·食货志》记载："太公为周立九府圜法，……布帛广二尺二寸为幅，长四丈为匹。"由此可知，周代缣帛应是二尺二寸宽。汉代沿袭古制，帛广仍是二尺二寸（约50厘米）。从考古发现的实物来看，先秦帛书就是运用缝制衣服的普通缣帛书写而成。汉代尽管已有了专门用于书写的缣帛，但从长宽尺寸看仍然与普通缣帛无异。所以，上述各朝代所规定的布帛尺寸标准，也就是那时帛书的基础尺寸标准。

所以，严格来说，"尺素"也就是一幅长50厘米左右，宽23厘米左右的丝织品。出土文物也大体印证了这一点，比如上述子弹库楚帛书，即长47厘米左右，宽38厘米左右。这样一幅丝织品上的书写量，要比"尺牍"大得多，但正常使用的极限也不会超过1000字，所以无论"尺牍"还是"尺素"所代称的书信，都应该是短小随意的小品，这一点是比较肯定的。

尺牍书法泛指以书信为文体的书法作品，尺牍书法的本质是日常书写。这一点是尤为可贵的。但我们通常所知道的《颜勤礼碑》《九成宫碑》《玄秘塔碑》《三门记》等名碑则属于另外一个体系："官式"书写体系。其中《九成宫碑》被后世评价为"楷书极则"。"极则"是说：完美的样子。这块碑中被后人总结出的书写法则数不胜数，历代书家无不把它精妍的用笔、巧妙的结构法则奉为圭臬。这样的书写只是书法最终寻求的一种境界，以一分为二观点来看，只要有法则，就会有束缚，也天然会有游离于法则之外的力量。

楷书之所以被重视是因为它有法可依，有迹可循。这一点特别符合我们的民族和社会特质，那就是普遍遵循的"纲"，意为"榜样"或"楷模"。也有"规范"的意思。这里，我要特别解释一下"楷模"和"规范"。这两个词今天的用法与古代是不同的。楷、模、规、范是四件事。先说说楷。《广韵》：楷，法也。所以学习书法的时候，所谓的楷书就是"符合法的书"。书法里的"法"指的是"笔法""字法""章法"。模：组个词"模样"，它本来是指做陶器或者青铜器之前预先雕刻的木质或蜡质的"样品"。今天可以在普通话里找到一个一样意思的读法："模样儿"，是个"样儿"。我们总说的"打个样儿"，也是类似的意思。

所谓"无规矩不成方圆"，规指的是圆规，专门画圆用的，矩是画长方形用的。图 1-1《伏羲女娲图》中，男性形象为伏羲，女性形象叫女娲。仔细观察，伏羲手中的规除了长短不同的两条边，还有个附加的桶状工具，应该是用来标定直线的"绳墨"。图 1-2 是"范"，是制作青铜器的陶器，原理是，在雕刻精细的"模样儿"上用陶土翻制出"陶范"，入炉烧制后使其坚硬，形成闭合的容器，把融化的金属倒进"范"中，冷却后敲掉陶片，就制成了我们在博物馆所见到的精美的青铜器。这样一说，"楷""模""标""准""绳""规""矩""范"都被牵扯出来。这样的一套方法影响到了中国社会的方方面面。比如，青铜器的制造首先要遵循"礼"，"礼"和"法"在交替与融合中逐渐显现成了古代的社会制度。与之对应的是另一套理论《庄子》。可以读读他的《齐物论》和《大宗师》两篇。摘录一句："泉涸，

图 1-1《伏羲女娲图》

鱼相与处于陆，相呴以湿，相濡以沫，不如相忘于江湖。"大概意思是说，泉水干涸，困在泉底的两条鱼靠互相吹气和吐泡沫湿润彼此。（如此痛苦）不如相忘于江湖之间。这很像是在说书法，又像是在说一切世间的放不下。很长一段时间里，我在楷书上与古人周旋，总希望能通过不断地训练以掌握书法的精髓。这就是放不下那颗心，长久以来对书法的那颗不安分的心。

现在看来尺牍书法是书法的另一端，是书法里的"庄子"，每每翻开尺牍书迹，其中蕴含的自然天真、浪漫激荡和苦涩悲伤都缓缓地展现给观者。这份情感，不是用心就能学来的，它需要体会笔墨，体会世界，体会生命。希望对尺牍饶有兴趣的你，能偶尔放下自己，忘掉心机，用最质朴的眼光观察这片天地，你会发现，其中奥义，天然自在。

图 1-2 "范"

第二章

工具、材料与技法

　　子曰："工欲善其事，必先利其器。"虽然孔子想说的并不只是"工"与"器"，但这句话里涵盖的任人用人的方针与书法对书写工具与材料的需求是相通的。这一点，古人在撰写书法理论时就已直白点明了。本章将讲述学习尺牍书法的必备工具和使用方法。

一、学习范本的选择

　　初学入手，取法应高古一些。可以多选取宋及宋以前的作品。这样的书法家很多，比如北宋四家：苏东坡、黄庭坚、米芾、蔡襄。唐及五代的怀素、杨凝式、欧阳询等。魏晋的尺牍作品更是多如星斗，其中以王羲之、王献之等王氏家族的尺牍最为庞杂。另外，像《伯远帖》《平复帖》、钟繇的表文刻本以及楼兰等地出土的书写较好的残纸文书尺牍、出土竹木简牍都可以作为入手帖。应选择其中书写水平较高、文字数量不特别少的简牍。值得一提的是，选择高水平且自己喜欢的范本远比选择名家名帖更重要。

以下是印刷质量精良的范本推荐。

杨凝式《韭花帖》：入手较容易，书写平静结构又富于变化。

王珣《伯远帖》：节奏从容，用笔舒缓，气息悠长。

王羲之《快雪时晴帖》：中锋用笔使转练习绝佳范本。用笔厚实饱满。

苏轼《覆盆子帖》《新岁帖》：书写内容丰富，结构稳定用笔易入手。

米芾《真酥帖》：用笔流利，笔路清晰易懂。

蔡襄《澄心堂帖》：楷书书写，易于初学。

二、毛笔与纸张的选择

现代宣纸是书画用纸的主流，但稍接触会发现一些问题，比如生宣纸因为太生，导致洇墨和干湿变化不好控制，熟宣纸的书写墨迹僵硬等问题。这些困扰都源自近百年来的默认看法："书画必用宣纸"。这种稍显固执的看法长期以来影响着初学书法的爱好者们，甚至成了很多人根深蒂固的观念。这里要着重说明一下。

书法用纸有着很长的历史演变过程，早期使用的是竹木骨玉石等材料。纸张发明后因其便于携带，造纸技术很快广为流传（限于汉地）。很长一段时间，造纸术都是重要的国家机密。约唐朝中叶，造纸术流传至中亚地区，后散播至欧洲，同时也发生了较大的变革。上面描述的过程中，造纸术已经产生了很大的技术革新和流派分歧。比如，我们能够看到的魏晋南北朝时期的纸张残件和文书虽然粗细有别，但多以麻为原料，这样的麻纸表面经过细致的打磨十分利于书写，李柏文书中前后两件的墨色差别就是纸张表面加工程度不同导致的。结实是麻纸最大的特点，但对于每日书写的书隶来说显然不能满足要求。一是毛笔是珍贵的耗材，太粗的纸张表面会加速毛笔笔锋的磨损进程。而在当时，古代官员和书隶的笔纸墨等工具由国家分配，磨损太快，财政耗费颇巨。因此早有人研究出了更细腻的皮纸（即木本植物主干外皮制作的纸）。这种皮纸由于材料纤维比麻纤维细，所以制出的纸张也更平滑细腻。同时由于纤维细腻，可以制造出更薄的纸张，又加上制作纸张时用于使纸纤维悬浮于水中的胶质的使用以及捞纸技术和材料的改进，使得纸张变得细腻匀净，相对轻薄。这样的纸表面稍加打磨和涂布（在纸张上刷胶以及混了矿物质或植物淀粉粉末的材料），特别适合书写精细的文字。加之后世不断对这种方法进行改进，寻找在地材料，更新捞纸工艺，产生了各种地方纸和历史中的纸中名品。比如历史上著名的"薛涛笺"和"澄心堂纸"都是经这样的工艺制作的，只不过对工艺流程有了较大改进。无论怎样改变，不难在古代书家主流用纸中发现其共性：耐久存，表面光洁细腻，不洇墨，墨痕无僵硬边界，墨色层次丰富等。从这些共性看，今之"宣纸"皆无。主要原因有二：一是今天的宣纸纤维密度低，纤维短，这会导致纸张易破裂。第二是今天的生宣纸是半成品，没有经过深加工。

如何改善生宣纸的纸张效果以利于书写，方法主要分为：洗纸、砸打、轧光、上蜡、涂布。

洗纸是把纸张浸泡在水中，最大限度地洗去纸张中的木质素，保留纤维。这样加工出来的纸，纸张纤维会紧密很多，书写涩感相应减少。墨依然会洇，但洇的范围更可控，避免了下笔严重洇墨的无奈。

砑打是使纸张纤维紧密的一种加工方法。通常在古代是先洗纸再捶打，这样加工出来的纸叫"煮砑纸"，与今天市售的煮砑纸多有不同。今天市售所谓煮砑纸是在宣纸（或书画纸）基础上刷了少量的胶矾，这会影响书写的墨色并且产生不自然的洇墨效果。

涂布与染色是指用矿物粉(白垩粉或高岭土粉)加植物胶质(黄蜀葵根胶质)加矿物颜料或植物颜料刷纸，干后可以有效填补纤维缝隙，使纸张不易洇墨且有防虫功效。

上蜡是选用川白蜡作为材料打磨纸张，减少洇墨。

轧光是用鹅卵石或瓷器片打磨纸张，使之平滑，利于下笔，减少不可控的洇墨。

用以上方法加工的纸才是古代书法家习惯使用的书写用纸，因加工方法繁复，也是古代纸张昂贵的重要原因。这样的纸可以参考北宋蔡襄《澄心堂帖》和乾隆皇帝使用的"金粟山藏经纸"题写的文字。其工艺复杂程度比上述工艺有过之而无不及。

自己加工纸毕竟烦琐，那么有没有可以直接选购的适宜临摹尺牍的纸张呢？下面我们来说一说常见的可选纸张。

竹纸类：福建连史纸、富阳元书纸（手工）。

皮纸类：宣纸（不包含书画纸）、楮皮纸、构皮纸选择光滑细腻的品种。

另外，铜版纸和机器制作的瓦楞纸（包装纸箱纸板）也都很适合书写尺牍，有些哑光铜版纸效果与明代涂布纸笺颇有相似之处。还有一种经常被书家忽略的材料——绢和板绫。这两种材料本身价格较高，初学可做体验用。明代王铎最喜欢用板绫书写，效果也十分独特，可作参考。

三、墨和摹写材料的工具

墨大致分松烟、油烟两大类。松烟墨是用去掉油脂的松树木材燃烧产生的黑色烟尘制作的。这种制墨方法早在汉代就已十分成熟了。参见图 2-1 汉代松塔形松烟墨。

油烟墨是用桐油混合猪油或生漆（天然大漆），再用类似油灯的灯盏点燃后因燃烧不充分产生的黑色烟尘生产的。这两种墨均适合书写。松烟书写效果是哑光的黑色，油烟是有光泽的黑色，可根据自己的想法加以选择。这里需要强调的是，宋代才开始有人用油烟制作墨锭，明代油烟才被广泛使用，在此之前书法作品多是以松烟书写的。诗人李白所作

图 2-1 出土汉代松塔形松烟墨

的《酬张司马赠墨》一诗中还有关于松烟墨的描述：

> 上党碧松烟，夷陵丹砂末。
>
> 兰麝凝珍墨，精光乃堪掇。
>
> 黄头奴子双鸦鬟，锦囊养之怀袖间。
>
> 今日赠予兰亭去，兴来洒笔会稽山。

诗中不仅提到产地和"兰麝"味道，还提到外表的光泽和墨的使用习俗："黄头奴子双鸦鬟"泛指书童，锦囊包裹、随身携带的把玩态度足见墨的珍贵价值。

上党古时盛产松树，制墨家汇聚于此。随着上党地区松树原材料的消耗殆尽，至明朝时已经没有产墨的记录了。北宋文学家苏轼在被贬海南时由于当地没有制墨工匠，无奈下自己动手制墨。

图 2-2 所示是苏轼在从儋州北归时所写的著名的《渡海帖》，全帖书写老辣，沉着不失豪迈，书法已臻化境。我常想会不会是用他自己制造的松烟书写的。苏轼造墨已成为墨史经典，乃至明代还有墨家专门仿制。

临摹尺牍小品，推荐用墨锭研磨的墨汁书写。因为墨锭研出的墨汁胶轻，适宜毛笔收放而不会因胶多而产生过大阻力。墨锭的选择以烟细、胶轻、色黑、味道馨香、年久不败者为上品。其中，古墨，特别是光绪年以前的清代古墨是书画绝佳材料。好墨标准还是在于使用感受，图 2-3 为清代墨家胡子清制造的油烟墨研出的墨液图片，可以发现古人评价好墨研磨出的墨液泛紫色光

图 2-2 苏轼《渡海帖》

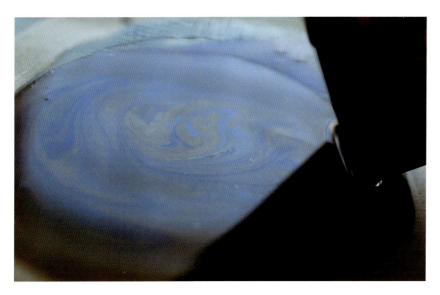

图 2-3 清代墨家胡子清制造的油烟墨研出的墨液

泽，确实如此。光绪以后，西方工业发达国家用石油制造的碳粉使墨锭质量快速下滑。这种用"洋烟"制作的墨书写墨迹黯淡无光，毫无精神，且在装裱时极易"跑墨"。中华人民共和国成立后，裁撤合并了诸多小墨店，成立了三家大国营墨厂，分别为：上海墨厂、歙县墨厂、屯溪胡开文墨厂。

当然，墨锭还需配合砚台等工具，对于初学者来说实在过于烦琐，所以可以选择墨汁。今天的墨汁种类已经远不是我们学书法时仅有的几个品种了，中外厂家均有制作。有几种墨汁不太适合学习尺牍书法用，下面简要谈一谈。首先是一得阁，胶质太重，不兑水完全无法适应小字书写，兑了水又会洇散不堪。日本有玄明、花仙、吴竹等品牌墨液，价高、烟细、质地精良，但是胶用得不好，浓一些就使笔毛无法顺利收散，很不合用，写大字却极好，须斟酌选择。国产墨汁有几家特别合用的也赘述如下：红星墨汁、上海曹素功漆烟墨汁、敏楠氏墨汁、万杵堂油烟墨汁等，均胶轻色黑，学书者可选备。

再说一说毛笔的选用。魏晋时期用的毛笔是可换笔头的毛笔。笔头价高，由官府下拨，官吏按级别和工作性质领取。笔杆不一定是竹竿，也有木杆和一些水生植物杆。且外形也不全是匀直的，比如现藏新疆维吾尔自治区博物馆的一支汉代毛笔（见图2-4）和现藏吐鲁番博物馆的魏晋时期的毛笔（见图2-5），外形前粗后细。基本可以反映当时的用笔情况。

仔细观察不难发现，二者笔头都不太长，在今天应该属于短毫毛笔了。这样的笔头形态保持了毛笔较好的弹性和聚拢特性，适合快速连续书写，笔画饱满且灵活。笔画转折处不容易出现因笔锋分开而产生的力量松散或无法保持中锋运动的问题。稍有用笔心得的学书者不难从图 2-5 的毛笔中看出，这样的笔很容易写出厚实而富于力度的线条。我们来看图 2-6 吐鲁番出土文书中的一份残件，书写者未署名或已残损，使用的应当是类似图 2-4 和图 2-5 的短锋毛笔。细看第一个字的走之旁的捺画。它形态优美，轮廓边缘饱满丰腴，书写从容，不得不使人对当时书写者的书写水平啧啧称奇。"奏"字三横加撇捺的饱满程度丝毫不亚于颜真

图 2-4 现藏新疆维吾尔自治区博物馆的一支汉代毛笔

图 2-5 现藏吐鲁番博物馆的魏晋时期的毛笔

卿《祭侄文稿》的线质与冯承素摹本《兰亭序》中"暮春之初"的"春"字的体势。"闻"字"耳"的部分用笔简略，起笔绞转折笔迅猛，竖线丰实，收笔匀当。这都是毛笔的性能所致。

今天的毛笔按材料可分为：羊毫、狼毫、紫毫和兼毫四种。

狼毫是用黄鼠狼尾部的毛制作的，弹性适中，较紫毫耐磨，价廉。羊毫是用山羊背、腹、尾部的毛制作的。紫毫特指山兔毛中紫黑色毛所制的毛笔，弹性高，聚锋好，价高，稀少。紫毫笔在唐代被列为贡品，白居易还写过借着紫毫笔劝谏朝政的诗。"紫毫笔，尖如锥兮利如刀。江南石上有老兔，吃竹饮泉生紫毫。宣城之人采为笔，千万毛中拣一毫。毫虽轻，功甚重。管勒工名充岁贡，君兮臣兮勿轻用。勿轻用，将何如？愿赐东西府御史，愿颁左右台起居。掭管趋入黄金阙，抽毫立在白玉除。臣有奸邪正衙奏，君有动言直笔书。起居郎，侍御史，尔知紫毫不易致。每岁宣城进笔时，紫毫之价如金贵。慎勿空将弹失仪，慎勿空将录制词。"此诗后两句，借紫毫笔贵说的其实是权力要用在实处，不要随意用在大而无用的形式上。

兼毫是指用多种毛料混合制作的毛笔，其中不乏植物纤维和其他硬质毛料。一支好的毛笔应该符合"尖、齐、圆、健"四个标准。"尖"指毛笔蘸水之后笔尖聚拢成尖，不易散开，书写时各个角度都能书写出较匀称的"出锋"。"齐"指干笔散锋时锋颖部分长度均匀。"圆"指笔头外形圆整饱满。"健"指笔头弹性和笔头腰部力量不松懈，书写中下按时笔头不虚弱无力。

以上是毛笔质量的标准。使用时要结合自己书写学习的范本进行选择。比如我们今天经常说的"要大笔写小字"，这是一句很少有人反对的经验之谈。图 2-6 中所示饱满的线条，在运笔不古的今天很容易会使人以为是大笔所书，才能如此饱满，其实则不然。我们来看看唐代的笔长什么样子。图 2-7 为日本正仓院藏唐代缠纸笔的照片，不难看出笔头分成若干层，中间为硬质纸芯。

这样的结构，在书写时是有下按极限的，即笔芯硬纸芯部分开始接触纸的位置。

可以想象，在相对稳定的下按力度下，写出粗细变化不大但使转变化匀净的线条并非难事。类似情况，读者可参考唐代怀素和尚的《自叙帖》。这

图 2-6 吐鲁番出土文书中的一份残件

图 2-7 日本正仓院藏唐代缠纸笔

样的毛笔也不只是写行书，还可以用来写楷书，比如唐代颜真卿的《多宝塔碑》横画收笔处的下按动作如果用硬芯笔书写则可轻而易举地实现。同样，我们现在能看到的敦煌写经中很多作品都是用这样的笔书写的。

图 2-8 为当代制笔名家李小平先生仿制的紫毫缠纸笔。

毛笔作为以动物毛料为主制作的实用工具，保存不易，磨损迅

图 2-8 李小平仿制的紫毫缠纸笔

速，行业俗语说"屯纸如屯宝，屯笔如屯草"，说的就是毛笔保存"十虫九裂"的问题。毛笔不能久存，对保存条件要求较高，作者自藏老毛笔颇多，幸而大部分都没有贮藏问题。且老毛笔用料扎实，笔杆氧化后使用手感舒适也是显而易见的优势。我建议学书者如

遇到好用的毛笔不妨多买一些。因为以狼毫为例，一般书写三千至四千字后锋颖已经磨损消失，笔秃无锋，就不适合继续使用了（当然，此经验不适用于专以秃笔书写的书家）。这种秃笔，古人还专门起了个名字叫"退笔"。比如隋朝的智永和尚就把自己用秃了的毛笔或者笔头埋起来，叫"退笔冢"。可见其书写量非常可观，当然毛笔寿命短也是一个原因。

今天的毛笔叫作"散卓"笔，中间没有硬芯，是由有层次的毛料拼配而成的。这种毛笔更适合表现丰富的提按变化和表现较长线条连续书写带来的线条质感的变化。这也就是以宋代为起点的笔法"断代"问题所产生的物质基础。

四、毛笔的使用与执笔法

新买来的毛笔需要用清水化开，把笔头中用于粘固毛料的胶洗净。用过的毛笔每次应在流动的水中顺着笔尖方向冲洗至没有明显墨色，捋顺毛后挂干。由于每次使用后残存的墨汁会使毛笔笔根的毛轻微变硬，通常第一次使用的毛笔还不能达到最佳的使用效果，毛笔使用一两次之后才会达到最好用的状态。书写数量达到锋颖磨损殆尽时也可以继续使用，只是对控制毛笔的方法有较高要求，如果不舒服不如换掉。

执笔法的古今之分也是十分值得注意的，这事关用笔的方法和最终书写的效果，不可不提。

首先，执笔法大概分成两大类，一种是基于纸张无支撑使用的，一种是基于纸张有支撑使用的。由于执笔与书写密不可分，我们把执笔与笔法勾连在一起说比较容易说明白。具体内容见下文中提按的传统与流弊。

（一）什么是中锋用笔

简单地说，中锋用笔就是在书写中保持毛笔不出现偏锋和侧锋的书写。这种解释好像有躲避问题的嫌疑，但实在没有特别准确的解释了。很长一段时间里，中锋用笔都被解释为："使笔锋在笔画的中间行进的用笔方法"。这种阐述的言语颗粒略明显了些。南京师范大学孙晓云老师在她的《书法有法》中关于中锋用笔的部分说得十分清楚。单就此项而言可以审慎阅读这本书。关于中锋用笔的界定其实不应该单纯地指书写要求，更应该是指书写感受。做到中锋用笔就是手指感受到你在通过手臂、手腕、手掌、手指推着毛笔走。"推"是有阻力的，这种阻力在各个方向都能不松懈就做到了笔笔中锋的要求。与"推"相反的是"拖"。拖着走就是没有阻力的书写，这就谈不上中锋。

毛笔在书写中不发生"散锋"，单靠推着走是无法做到的。特别是行书和草书，快速书写时还需要更复杂的控制方法"使转"或称为"转折的平动"。"使转"是笔法的核心奥义。

（二）什么是使转

有学者推断，早期书写中使用"使转"的目的是减少毛笔笔锋反复折翻导致过早磨损，古人习惯认为毛笔运动方向由向左转为向右为"使"，由向右转为向左为"转"。当然还有其他解释，但使转的目的是让线条方向改变但不发生偏锋或散锋，这一点是十分明确的。也就是说，使转是使毛笔在水平运动中保持中锋的方法。图2-9借用怀素作品《自叙帖》这一使转的绝佳范本来说一说使转的基本形态和方法：每到毛笔方向将要转向时，通过手腕推动毛笔提前蓄势，以使得笔画形态在转向弧线处不出现棱角和粗细（即提按）变化，毛笔不出现散锋，最终使毛笔能够快速进入下一书写过程而无须换锋。

图2-9《自叙帖》使转

（三）提按的传统与流弊

提按是毛笔的垂直运动，形成的效果就是线条的粗细变化，这是基于毛笔的物理特性所必然形成的用笔方法。在由手持纸张书写向以桌面为依托的媒介上书写的习惯转变中，提按被强化。当毛笔由有芯笔转变成无心散卓笔后，毛笔垂直方向的运动幅度又一次加大，直至提按可以独立成笔法而非自然展现。如图2-10，我们通过明代绘画的作品来说明关于书写与执笔的关系。图为仇英绘制的《兰亭图卷》，可见当时的书写没有辅助工具，使用时，左手执卷，右手书写。忽略图中所示长卷魏晋时期是否常见，砚台的形象也有问题。这大概是仇英依据明代人对魏晋的想象设计出来的形象。人物坐鹿皮而非坐具，这在现藏辽宁省博物馆的《白莲社图卷》中也有类似形象，坐的是豹皮，这可能与"君子豹变"典故有关。

图 2-10 仇英绘制的《兰亭图卷》

图 2-11 为明代人可见的执笔方法，这种只用食指和拇指的执笔方法叫作"拨镫"法。这种方法易于"捻管"（转动笔管），书写轻盈，今已不多见。原因是这

图 2-11 明代人执笔方法

种笔法适合手持纸张的书写，在今天的桌子上书写则很不实用。

单钩法，与今天的硬笔字书写执笔方法接近，只是手离笔尖更远一些。笔头运动纯靠手腕动作，这种方法不容易发生"捻管"。此方法今天依然有人在使用，只是调整毛笔为垂直方向，以适应今天的书案角度。

以上办法都形成于书桌书写习惯之前。这些执笔方法都有一个出发点，那就是以书写流利、使转轻便、不太涉及提按动作为依据。至宋，书桌广泛使用，类似今天的桌案习惯和手持纸张的书写习惯是交互共存的。比如图2-12《清明上河图》局部中，既有左下角手持纸张书写的样子也有坐在交椅上用书案书写的形像。

尺牍书法多为短札，字数以几十字为多见，从魏晋时期开始，贵族门阀对于士子的书法就有十分高的要求，甚至出现了"因字贵人"的现象。那个时候贵族写信不仅注重书仪规矩，也注重书写的美观，经常为一封信札反复起稿设计，斟酌调整。这样的书写习惯对用笔与结构安排的训练使当时的书家作品特别耐看。但是，并不是反复设计就是好作品，这和诗歌的"推敲"并不尽相同。唐代书法家孙过庭在他的《书谱》中有这样一则记录：

谢安素善尺牍，而轻子敬之书。子敬尝作佳书与之，谓必存录，安辄题后答之，甚以为恨。

古代尺牍就是今天的短信，日常往来多是简短数言，这样的信装在匣中或卷在筒中由邮驿、仆役或亲友传送。打开匣子（类似明代的拜帖匣子）单就一张纸，稍显突兀，所以衍生出了单书

图 2-12《清明上河图》局部

和复书形式，或者还有可能把一张纸经过翻折增加厚度和划分内容的形式。这些形式魏晋时期就存在了。当时的士族很看重书法技能，所以有收信者觉得信中文辞典雅或书法精美，于是留用收藏，回复时用复书的空白纸或另择新纸回复。后来士族中书信往来多以所送之信被对方收藏为荣。王献之几次写信给谢安，都没有被谢安收藏，深以为"恨"，这个"恨"表示遗憾。这个王献之和谢安就是我们耳熟能详的"旧时王谢堂前燕，飞入寻常百姓家"的王家和谢家。试就谢安不留王献之的字做一推测：

第一，谢安辈分和地位高于王献之，于情面上抹不开面子。

第二，谢安自己也是大书法家，虽然后来名气不如王羲之，但在当时的影响十分巨大，他自己看不上王献之的字也是有可能的。

第三，也是最被后人称道的可能：王献之为了能把字写到入谢安的眼，反复设计，反复书写，导致书写不够自然，深谙书法的谢安发现了这一点并且不以为然地把信退了回去。

中国书法的魏晋时代，被后代书法理论家构建和认可的气质是一种比"轻松"复杂一些的叫作"萧散"的气息。"气息"不是感觉，也不同于面貌，是中国特有的评价和描述方式。要解释"气息"有些复杂，加之我才疏学浅，只得勉强把书法的"气息"表述为书迹带给观者的全面的影响的反馈。这个"全面"所包罗的内容过于庞杂，简略地说包括：书写（技法与整体面貌）、内容、材料、装池（包装）、时间、环境以及观看人的性情和观看人的状态。这样的观感反应包括：痛快、爽利、苍茫、沉郁、伶俐、浑厚、局促、庙堂气、书卷气、金石气、潦倒或通达等。总之好的作品给人的感受或有畅快淋漓之感，或有委曲婉约之态，种种不一。萧散之源，源于魏晋风度或说魏晋风骨。感兴趣的话不妨阅读《世说新语》这本书。下面我摘录两则，各位不妨领略一下。

第一条是关于王羲之的第五个儿子的故事，原文如下：

王子猷居山阴。夜大雪，眠觉，开室命酌酒，四望皎然；因起彷徨，咏左思《招隐》诗，忽忆戴安道。时戴在剡，即便夜乘小船就之，经宿方至，造门不前而返。人问其故，王曰："吾本乘兴而行，兴尽而返，何必见戴！"

你看，兴致来了，雪夜也要出门访友。坐船一晚终于到了朋友家门口，却因兴奋劲儿过了，掉头就回。这足可见魏晋时期的士人是如何看待生活的。

另一条是关于刘伶的：

刘伶恒纵酒放达，或脱衣裸形在屋中，人或讥之。伶曰："我以天地为栋宇，屋室为裈衣，诸君何为入我裈中？"

"天地是我的房子，这个房间是我的衣服，您为啥跑我衣服里呢？"就是这样的放达。怎么能不叫人称奇呢？以天地为吾家，恐怕连皇帝的四海之内也装不下。这样纵逸的魏晋士人理所当然能理解萧散的境界。值得区分的是，那个时候的纵逸不是为了逃避生活的困顿和仕途的偃塞，而是发之于理想抱负的无法伸展。魏晋，不是西汉，没有文景之治，也没有武帝骁勇。魏晋时代与前代的区别，你可以对比两个时代的传记。不同的性格、不同的思想根源、不同的皇帝、不同的道路、不同的结局，就像魏晋时人不认可"刀笔吏"的刻板刚硬一样，汉代也无法产生东晋虚旷的清谈。

推崇魏晋的书法，不代表我们可能再现魏晋书法萧散的境界，连生活在东晋的王献之自己也会有若即若离的疏远感，更何况时代不同，思想不同的我们。单靠技法追求不可能实现对"萧散"的再现。这也是书法艺术以及其他门类艺术的时代局限。这里举王献之《中秋贴》（见图2-13）的例子来说明这一点再恰当不过了。

《中秋帖》，传为王献之作品。原文：

中秋不复不得相还为即甚省如，何然胜人何庆，等大军。

图 2-13 王献之《中秋贴》

　　具体文意由于缺损部分不能完整拼凑，已经很难确定。这幅尺牍的问题并不在内容，而在于它可能根本不是王献之所写。清代乾隆年间有个叫吴升的学者在他的《大观录》中说过，这可能是一件宋人临作。那么，有没有图像证据呢？将上面几张米芾作品的局部图片与《中秋帖》进行对比，可以给读者一些提示和参考。图 2-14 为《中秋帖》截图，图 2-15 为米芾其他书法作品中的字体。其中"甚"字基本结构和连带习惯相似，"秋"字火字部分竖撇角度与调整笔锋位置基本一致，两点连写用笔和走向基本一致。如果你对米芾的书法有过深入学习，二者用笔逻辑的相似程度更是不言自明了。

图 2-14《中秋帖》截图　　　图 2-15 米芾书法作品中的字体

米芾对魏晋书法的了解和掌握是十分深入和全面的。青年时代的米芾最善于临摹古代书法，他的作品甚至被朋友评价为"集古字"，临作几乎可以达到以假乱真的程度。米芾临摹的王羲之《平安帖》，较之原作，不仅字形相似度极高，其笔法也超越了同时代很多书家，达到了所谓"直追晋唐"的程度。但米芾还是米芾，离开了临摹，米氏自身的笔法和结构终不能掩饰所处时代的模样，如果打开米芾的尺牍作品集，大多数作品都能隐隐约约看到或晋或唐的影子，自然书写就是这个特点，写的是"自己"不是"别的什么人"。当然，米芾不是个循规蹈矩的人，某种程度上说，他有异于同时代其他人的特点。他以疯癫自居，偶尔能见他写到兴致突如其来，如有神助，几个字后灵感又瞬间卷土而去！这样的老米为我们留下了一幅"可爱"的作品：《临沂使君帖》（见图2-16）。

全帖尺幅不大，高约31cm，宽约25cm。在尺幅有限的一张纸片上写了："芾顿首。戎帖一、薛帖五上纳。阴郁。为况如何。芾顿首。临沂使君麾下。"

大意是：米芾顿首，戎（身份待考）薛稷（也无法排除薛绍彭）的五张书法请收下，天气阴郁，您近况如何？临沂使君，部下（敬上）。

"戎"究竟是个人还是个帖子的起始字或点题字？目前作者手中掌握的史料不足以确认。书法史上确实不太容易找到戎姓书家的记载，这"戎"倒有可能是西晋的王戎。《临沂使君帖》最后一句"临沂使君麾下"，麾下就是部下，或者还包含对军事长官的尊敬称谓。这里要着重于军事长官。巧的是，米芾给与他同

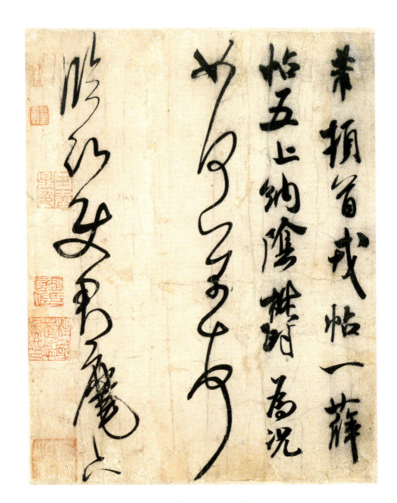

图 2-16《临沂使君帖》

时代的一位朋友写过解甲归田的贺诗，诗题《送沂州使君纳政荣归》，诗名人物与《临沂使君帖》一致。诗文如下：

　　神强体健颊犹朱，犀虎轻抛忆旧庐。明月满船常伴画，素风传世莫非书。涌金门外秋长老，有美堂前锦不如。预想容观春色好，灵龟舞鹤引安车。

你看，神强体健颊犹朱，犀虎轻抛忆旧庐。"颊犹朱"让人联想到"廉颇为之一饭斗米，肉十斤，被甲上马"的样子。"犀虎"代指铠甲，引申为戎装和兵权。推断此"沂州使君"应该是一位军事将领。

米芾天赋异禀，个性十足。据史料记载，在真州（今江苏仪征市）米芾和好友坐船出游。途中，好友给他看自己收藏的王羲之墨迹，米芾很喜欢，提出交换，好友不舍，米芾跑到船舷说，你不同意我就跳河自杀！好友无奈，只得应允交换。

《临沂使君帖》整幅作品前面两行是行书，书写完全是米芾自己的面貌，很容易就发现米芾用笔的特定逻辑，转折下压，结字左倾，轴线呈现优美的曲线，斜点画肥厚不失劲道。不妨借这张作品提前说一说"轴线与韵律"。

什么是轴线？轴线是每一个字的中心分割线的连缀。传统框架中我们有时候会提到"行气"这个词，"行"在这读"háng"（音同航），就是一竖行的"行"。行气，是一竖行的气，气就是每个人的观察感受。包括感觉是死板僵硬的直线、生动优美的曲线、磕磕绊绊的断线，或者干脆是恍惚间似是而非的不存在的线（这种线不一定总是坏的）。总之，这样的轴线的感受就叫作"行气"。我们来看看米芾这幅作品，借以说明轴线的意义。

图2-17中做了前两行简单的轴线，并把它们提取出来。两条轴线上的字虽然不同，但线却是一样的走向。回到最原始的讨论中，书法追求的不是自然而然吗？为什么两条轴线会一样？

原因有二：

一是米芾的书写习惯。

二是重复表示强调。

也可以理解为：我把话再说一遍给你听，希望你能听懂。古典音乐中，柴可夫斯基的《降 b 小调第一钢琴协奏曲》第一乐章开篇之首就是这样的重复，稍有不同的是它的曲线更长，重复的方式稍多样一些。在这儿不妨打开 CD 听一听，每一次的重复就是一次又一次的提醒，或轻柔，或宏大，但内容始终没变。曲子期待着，总有那样一个时刻，你会

图 2-17 轴线

明白作者想要传递给你的东西。伟大的柴可夫斯基与我们这位同样伟大的米芾站在时间之河的对岸，异口同声地用作品铺陈开生命中辉煌的叙事。此时，重复早已不在，只留生命涌动。别急，这就把富于生命活力的线打开给你看。

如何？芾顿首。临沂使君麾下。

相信你在初看这样蕴含着力量的线条时（见图 2-18、图 2-19），一定无暇顾及书写的内容究竟是什么。因为，每一个沉浸在审美之中的人只能做到若有所得的收获而绝非知识的总结和扩展。若你在欣赏书法时，眼睛能从任何一个笔画或其间的空白开始进入作品，心情随着线的走向飞舞盘旋，直到全篇终结，那么这本书的全部内容你已经完整地领会了。继续看下去，只是你我的印证而已！

　　第三行开始（图 2-20），一改前面重复的笔调，米芾甚至换掉了字体，由行书转成草书。这不是简单的字体转变。你会发现，前两行字在相对平稳的曲线中舒缓地展开叙事，它们从容而优雅，每一个笔画的边缘都被悉心关照，显现出他日常书写中所特有的

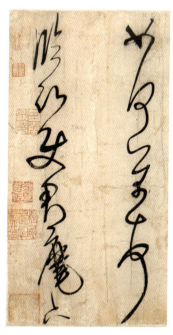

图 2-18 米芾字（一）

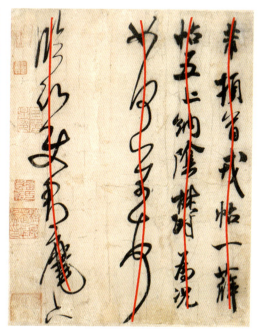

图 2-19 米芾字（二）

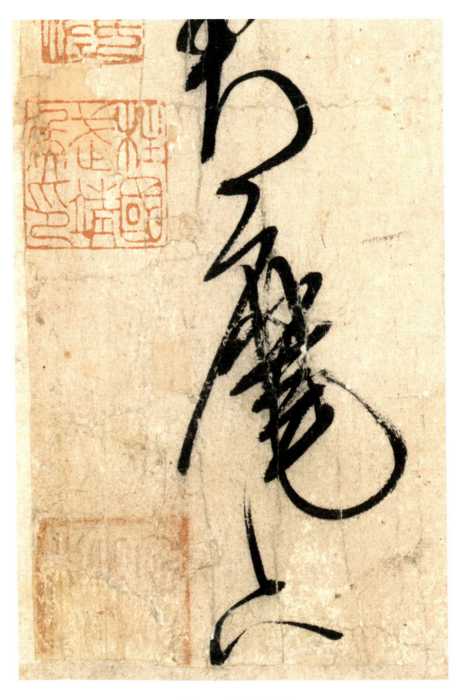

图 2-20 米芾字（三）

轮廓与标志。笔画粗细相间，圆融却不失凌厉。突变是从"如"字的字体转变开始的，米芾决然地把字的形态完全抛在脑后，书写摆动的幅度快速加大，书写速度从秋水微波变为惊涛骇浪。单行几近一笔书成。写至"麾"字时正是笔力最盛之时，无奈限于篇幅，止于此处。"下"字其实已不属于轴线所管辖，但它出现的位置却恰如其分，竖笔点画由上面弯钩牵连直泄，意未尽而势已转，横勒向左连缀的两个点像是一只小鹿在乱撞。此时不安分的心在局促的篇幅里只得作罢，全篇行文至此收尾。好作品就是要引起读者的回味，仿佛你还能带着作者的笔驰骋在自己心灵的荒原上，让那头小鹿跳个痛快！

……那曲子你如果在听，应该进入第二乐章了吧？且让悠扬的长笛和琴键跳舞去，不理它们……

在禅宗的历史中，有个关于"假了悟"的故事很像米芾模仿王献之《中秋帖》的意思，简单地描述如下。

住在大日山的玄机和尚认为自己"悟"到了性空无我的佛法境地，于是去找雪峰禅师印证（印证：佛教术语，多是通过暗藏机锋的对话，肯定彼此的佛学成果）。

雪峰见了玄机便问：你从哪里来？

玄机说：大日山。（此时，雪峰已经发现，这个玄机和尚根本没有明白什么是"空"了，因为空了，怎么还会有你我的区别呢？）

雪峰问：大日山的太阳（大日山的日）升起来了吗？

玄机说：如果太阳升起来了会把雪峰融化的！

雪峰问：你叫什么名字啊？

（这里其实是个双问句，"你"是啥？名字叫什么？）

玄机根本没听懂，说：我叫玄机。

雪峰问：您这个玄机每天能织多少丝呢？

玄机说：寸丝不挂！

按照禅宗的认识，人如果真的体悟到空的奥妙，就必然会达到无我的境地，"我"都没了，怎么可能挂着丝呢？丝又往哪里挂呢？玄机的回答是个让对话无法继续的回答，故事本可能就此结束，事实上，聊到这里，雪峰禅师也无话可说。于是，玄机告辞，转身准备离场。他心里一定在想：我把雪峰说得没话了，此行成功！谁知道雪峰和尚突然说了一句："和尚！你袈裟掉了！"玄机立刻转身往地上看。雪峰和尚大笑说：好一个"寸丝不挂！"此时嘴上说寸丝不挂的玄机估计僵住了。这就是"装"了悟。装一定会露出马脚，所以，魏晋的萧散不能刻意，更不能装。

那么，我们还要不要学它呢？当然要学。魏晋的传统价值除确立了书法境界的高峰以外，还给我们留下了丰富的书写经验。这就是王献之不被谢安收藏的第三种原因，可能最被后人重视，其中的价值取向影响了中国书法一千多年的发展方向。那么反复设计不对吗？对，也不对！书法之所以好看，当然是因为经过"设计"。比如你打开唐太宗的《鹡鸰颂》，每个字都很可一观，缺点自然也是十分明显的设计感，每一个笔画都被安排过，每一个结构的变化挪移都是被思考和审视过的。所以，我总感觉这个作品至多只能算唐代书法的二流作品。这种设计的感觉有点像长久被安格尔的《后宫佳丽》、拉斐尔的《雅典学院》或者雅克·路易·大卫的《拿破仑一世加冕大典》一类的经典巨制吸引，突然有一天，有人告诉你还有个叫莫奈的，轻松的笔调，或跳跃或飞翔，带给你不经意的震撼！再看古典主义绘画，你就会觉得累。不是不好，就只是觉得累。这就是设计带来的问题。王献之用心书写导致的缺点就是"设计"太过，这对于生命体验丰富的魏晋名士来说当然算不得好。

这是中国古代对人和艺的境界的要求。我们这个民族对以"人"为标准的尺度沿用了几千年。这里所说的"人"指的是人的感受和人的关系，与西方文艺复兴中的"人本"不太一样。我们重感受，他们重实际。感受是针对个体、不外显且存在偏差的，每个人对相同事物的感受都不尽相同。被观察的作品若有丝毫变化，感受的偏差就更加明显。如何使纯线条艺术的书法作品引起更多人的相同感受和共鸣，就是书法艺术创作和学习中主要的研究任务。能够准确清晰地引导和提示欣赏者的书写技术当然需要严格练习。练习就会用心用力，用心用力就是设计，有设计就不能算好。这个闭环无法自我突破，需要其他因素的参与。没有其他因素干扰的练习和书写就叫技术，不能与艺术相混淆。这也是我把书法用笔与技法放在工具这一章的原因。

（四）顿挫与情绪

"顿"是指毛笔在某处下按然后继续行进，"挫"则是指毛笔行进至某处时向不同方向水平挪动的笔法，我这里插图说明。

图 2-21 是北宋的书法家蔡襄《澄心堂帖》局部。这个帖子比

较适合初学书法者使用，因为是墨迹楷书。书写中规中矩，笔法清晰连贯，墨色饱满自然恬淡。"顿"在图中出现了很多次，我逐一说明。"澄"字"登"部分上面横撇与旁边的撇起笔都属于顿，有明显的下按迹象。"堂"字横勾处明显下按。这都是顿笔的范例。当然，顿笔还有另一层意思，就是停顿。比如"澄"和"堂"字最后一笔横画收尾处都可以算作顿笔。还有"心"字的左点简直是教学的绝佳范例，形态优美不输兰亭序的"永"字起笔的"那

图 2-21 北宋蔡襄
《澄心堂帖》局部

个点"。写过兰亭序的读者一定会在看到双引号的"那个点"时会心一笑吧。"挫"则要迅猛得多，它的出现往往需要书写者具有较高的控笔能力和特殊位置的配合。比如图 2-22 是王羲之《丧乱帖》中的"顿首、顿首"连写，因为"顿首"太常用，所以两字连写两次，感觉是只写了两个"顿"字。首字结尾都有一个明显的比顿笔虚一些的点。这就是挫。一般预示着一个连续用笔的结束或情绪的肯定。还记得前面提到过的《降 b 小调第一钢琴协奏曲》第一乐章吗？重复，这两个"顿首"连用，相似的简写，相似的挫，其实都是重复。重复代表着强调，如果还没感受到，不妨再试试听我国的传统音乐《梅花三弄》，全曲有一多半是在

反复诉说，只求听者能
够理解。

（五）折笔与切笔

图 2-21 不仅可以用
来说明"挫"，还可以
用来说说折笔与切笔。
折笔就是指转折时出现
轮廓外侧边缘有棱角或
类似棱角的情况。比如
图 2-22 的第二个"顿首"
就是很好的范例，因为，
棱角并不犀利，说明在
折笔时没有让笔锋外露。
这是中锋用笔的标志。
切笔实际是毛笔侧锋快
速落纸，在离开落纸点
的瞬间调整为中锋的笔
法，最终在落纸点形成
方形（像篆刻刀）一样
的形态。注意，侧锋仅
仅在落笔的一瞬，很快
就调整为中锋了。

图 2-22 王羲之《丧乱帖》

第二章 工具、材料与技法 ／039

（六）复笔与接笔

复笔，就是重复一笔。这里的重复是书写式的，不是用笔尖勾描，那就不叫复笔而叫"描"了。复笔的作用一是可以完善上一笔画的形态不足，也可以是特意形成丰富的轮廓变化，但大多数情况下，使用复笔是为了加重分量。比如图 2-23 这幅张旭的《肚痛帖》里的"忽"字，最后一笔简写的横重复了一笔，若没有这一笔保持底部平衡，字的重心就会向左倾斜。这样复笔后不仅重心稳定，且横画有鹅尾姿态，憨厚可爱（万勿刻意模仿）。

图 2-23 张旭《肚痛帖》"忽"字

（七）实与虚

虚实关系。这个论题实在太大，要知道，我们几千年积淀的几乎所有理论都可以用虚实来描述。无趣的是，很多思想在不能以逻辑做推理时，虚实都能以盖棺论定式的方法加以总结。所以要说虚实，必须先定个范畴和维度才好作说明和解释。以书法论，一张新纸未写之前就没有虚实，一旦落墨，虚实就产生了，而且是虚与实同时产生且彼此消耗直至全篇完成。但这种说法过于激烈，你试想一下，书写较快的行书草书，若真以虚实计，要多费头脑才能把控虚实相生的电光火石？我要说的只是这一切书写结束之后的时空，这样平面化一些，简单一些，也更容易被感知。

图 2-24 是北宋黄庭坚的《花气熏人帖》。我们先不读内容，就感受这幅作品中你能直接看到的虚实，黄庭坚最擅长这个技术。且看右侧第一行，今天的人少有如此写字的意识，字与字上下挨得很近，为了压实分量，黄庭坚甚至把第二个字"气"与第三字"熏"写成了斜向的穿插。"欲"字干脆写进"人"字的范围中去了。这样的压实带来的观感除稍显局促以外，还有一种沉郁的压抑。黄山谷是个聪明人，第二行就特意打开了局面。

那一笔长长的竖，给身边的"破禅"二字以巨大的喘息空间。看到这儿，你也会一下舒朗起来。这就是虚实！但如果山谷道人仅仅只有这点伎俩可就负了自己的盛名。还记得前面提到的轴线吗？你看前两行轴线如何？哈！又是小摆动，你已经知道要做什么了吧？只是，米黄个性不同，山谷道人更像是个禅师，用毛笔实在地一刀切断第三行的行气。你看"时"字的日字旁，实在感多么明显。写累了的山谷仿佛又一次拿起琴弓，重复着"四点连写"的小节奏。"熏""所""似"。聪明的你"听"懂了吗？乐曲不能一直悠扬抒情，还要有壮怀激烈，你看第四行"八节滩"三个字的铿锵短促，尤其是"滩"字三点水的跳跃感！我还记得第一次读屈原的《九歌·山鬼》，开篇那第一句"若有人兮山之

图2-24 北宋黄庭坚《花气熏人帖》

它無業人不破禪

以清空實念也

阿，被薜荔兮带女萝"，就是这个短促铿锵又跳跃的感觉。铿锵必然不是结局，若戛然而止多少有些粗糙。所以"上水船"三字，线条如枯藤落雨，苍润遒逸。对比前面的"实"，"虚"已经了然分明。但这还不够——也许对别人够了，但对黄庭坚，不够！天才的虚实只用渴笔区分还是太"实"了。毕竟前文说过，落墨时就无法规避"实"，那么就不落吧！离开纸！"船"字的最后一笔在欢聚后曲终人散的沙滩上空周旋了几遭，安静地离开。离开，不再进入纷扰的世界，把高贵的自己自顾自爱起来，这样，世界不再有分别，没了烦恼……禅宗说：破执。了无慧根的我在虚实之中苦思不得其解，直到与《花气熏人帖》相见。

（八）背临、意临与创作

背临是指不看作品，凭借印象和自己的认识书写学习过的内容。意临是指放下印象，全凭认识书写学习过的内容。创作是指凭借印象和认识书写没有学习过和参考过的内容。

这样描述三者，应该已经说得很清楚了。这里只说一点：笔法千古不易，说的就是以上三件事的核心。内容不同，心境不同，性格不同都会影响作品面貌，但笔法不会，只是在情境下的快慢滑涩轻重的区别而已。

古代的书法家，大都是文人墨客。文人好美食，吃过难忘的美食，不忘送给朋友分享，还要写诗作文吟咏。于是，就有了一幅幅精美绝伦的关于美食的书法名帖，打开这一幅幅秀色可餐的美食帖，书法家舌尖上的艺术气息扑面而来。

一、王羲之《奉橘帖》

让我们先从崇尚名士风流的魏晋说起。晋代的风流名士们崇尚自然、超然物外，好饮酒服药、纵情山水，更爱美食。著名的"书圣"王羲之便与美食有不解之缘，王羲之钟情于美酒，一次醉酒豪书《兰亭序》，成就了"书圣"的千古美名。王羲之还喜欢水果，不仅自己喜欢，还经常把水果送给朋友，并写一封短信以记其事。《奉橘帖》就是王羲之写给朋友的手札，仅有两行十二个字："奉橘三百枚，霜未降，未可多得。"意思是："奉上橘子三百枚，还没到霜降，橘子成熟的不多。"全文仅十二字，可谓字少情深。橘子霜降以后才甘甜可口，可我们的"书圣"没等到霜降就把一批不可多得的早熟的橘子摘下来馈赠友人，可见王羲之与友人的深厚情谊。

现存《奉橘帖》为唐代根据东晋王羲之书法作品双钩廓填的摹本，"奉橘"二字损，可辨识，第二行第一字残损过半，此帖后与王羲之《平安帖》《何如帖》装裱在一起，现藏于台北"故宫博物院"。《奉橘帖》在唐代就已经很有名了，帖后有唐人诸葛颖、柳顾言、释智果题跋。唐代诗人韦应物有诗句"书后欲题三百颗，洞庭须待满林霜"，即以《奉橘帖》为典。虽然现存《奉橘帖》为唐代摹本，但是依旧可以窥见王羲之成熟的行书风貌。

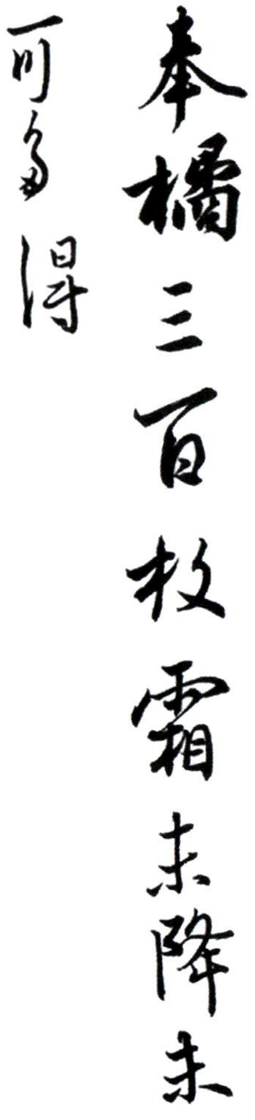

图 3-1 是作者自临《奉橘帖》。原作虽寥寥数字，但点画的形态灵活多变，起笔多以露锋侧入为主，如"百"字第一横起笔顺承"三"最后一横左收之势，笔锋从右上往左下入纸之后马上侧切，然后铺毫中锋行笔。笔画的转折处，有的方折，锋棱毕现，如"橘"字右部的横折、"百"字的横的收笔；有的圆转，圭角不露，如"枚""降""得"的右部多为圆转。笔画中段行笔以中锋为主、侧锋并用，意趣丰富。收笔处要注意收

图 3-1 作者自临《奉橘帖》

笔的方向形态，如"三"字三个横收笔的方向都不一样，第一横收笔如篆书，笔锋回藏，浑圆无迹；第二横收笔在笔画中部，第三横收在底部。《奉橘帖》虽只有两行文字，字势行气也变化丰富：首先，"奉橘"两字的紧密，与"三百枚霜"四字的疏朗，形成大的反差；其次，第二行"可多得"三字用笔轻灵流动，也与右行"奉橘"等字的厚重形成反差。另外，两行的行轴线变化也不是垂直的，首行由于"三"字左移，将较垂直的行轴线呈曲线分布，最后"枚"末字用力向右下压，使笔势均衡，至"霜"字轴线又正过来了。第二行"可多"两字轴线左倾，而"得"字轴线右斜，使行轴线形成弧线往左凸，正好与右行形成一个相向关系。

字组的疏密反差、字势的纵横对比、曲线行轴线的使用，赋予作品律动美，有音乐之感。临习过程中，我们把握好这些关系，就能做到形神兼备（见图3-2）。

二、怀素《苦笋帖》

怀素（737—799年），俗姓钱，字藏真，永州零陵（今湖南零陵）人。

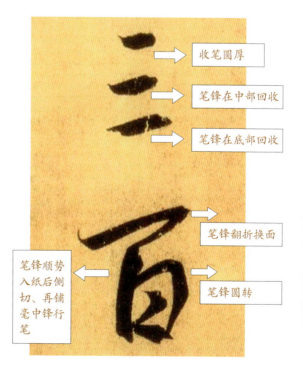

收笔圆厚

笔锋在中部回收

笔锋在底部回收

笔锋翻折换面

笔锋顺势入纸后侧切、再铺毫中锋行笔

笔锋圆转

图 3-2 《奉橘帖》笔法分析

唐代书法家，以"狂草"名世，史称"草圣"。怀素自幼出家为僧，经禅之暇，爱好书法，与张旭齐名，合称"颠张狂素"，形成唐代狂草书法双峰并峙的局面，也是中国草书史上两座高峰。怀素虽是一位僧人，却不遵守清规戒律，食鱼又吃肉，还喜欢饮酒作乐，不分场所，到处涂写，遇到墙壁写墙壁，遇到芭蕉写芭蕉……他真实、可爱，不受世俗羁绊，不受规矩所囿。他在《食鱼帖》写道："老僧在长沙食鱼，及来长安城中，多食肉，又为常流所笑，深为不便。"酒肉穿肠过，佛祖心中留。一个旷达襟怀和极具个性的"狂僧"跃然纸上，栩栩如生。怀素可以说是一位幸福的和尚，他不仅有酒喝、有鱼肉吃，还有茶饮、有素菜，荤素搭配，吃得全面。他在给友人的一封信《苦笋帖》中写道："苦笋及茗异常佳，乃可径来。"（见图3-3）关于信的大意有两种理解，一种是："苦笋和茗茶都异常佳美，那就请直接送来吧。怀素敬上。"一种是说："苦笋泡茶味道很佳美，那就请直接送来吧。怀素敬上。"将苦笋之味与禅茶相比，意味隽永。究竟怀素要的是"苦笋茶"还是"茶与笋"这里我们

图3-3《苦笋帖》

不做深究，茶与笋皆美食，感兴趣的朋友可以做相关方面的考证。下面我们就来细细品读《苦笋帖》的书法之美吧。

《苦笋帖》为绢本墨迹，两行十四字，现藏于上海博物馆。清吴其贞《书画记》评为："书法秀健，结构舒畅，为素师超妙入神之书。"相传，乾隆皇帝非常欣赏怀素的这幅《苦笋帖》，他常常独自欣赏并临摹。乾隆还在帖前写下题签"醉僧逸翰"四个大字。此帖草书极为精彩，笔走龙蛇，满纸云烟，笔法瘦劲，飞动自然，如骤雨旋风，恣逸洒脱。

《苦笋帖》虽为草书，变化万千，却法度具备。我们在临习过程中，只要仔细分析其中的各种变化关系，就能找到正确的临写方法。首先，我们从整体上来看它的行轴线变化。邱振中先生在《书法的形态与阐释》一书中将《苦笋帖》的轴线画出（见图3-4），并将它称为"分组线构成"的典型。何为"分组线构成"，邱先生的解释是，根据空间密度将作品划分节奏段落，然后再作出每一段落的轴线。如该帖中的第一个节奏段落是"苦"和"笋"的草字头，而不是单独的"苦"

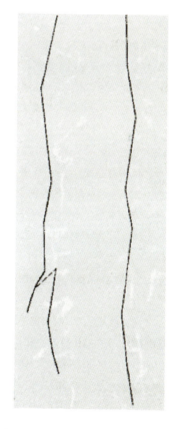

图 3-4《苦笋帖》的轴线

或"苦笋"两字，"笋"的下半部又单独成为一个节奏段落。第二行，"乃"与"可""来"与"怀"都是这样处理的，这样可以让字势连绵，行气一贯到底，我们在草书学习中要学会使用这种上下连贯的方法。轴线的划分对我们临习该帖，从整体上把握书写的时间与空间的节奏，有很直观的指导作用。

其次，我们在临习过程中，还要注意整体节奏的变化，第一行"苦笋茗"三字结体较松、字内空间较大、用笔也轻盈跳宕，下部"异常佳"结体较紧、字内空间较小，笔道较粗。第二行从"径"字下半部分开始也是上疏下紧、上轻下重、上放下收，形成一种"两段式"的视觉感受，这种章法形式颇具特色，充分展现出全帖的节奏起伏和气韵的自然变化，使人领略到怀素书法狂放的个性和深厚的功底。

三、杨凝式《韭花帖》

《韭花帖》是五代时期杨凝式的一封信札，全文如下：

昼寝乍兴，辄饥正甚，忽蒙简翰，猥赐盘飧。当一叶报秋之初，乃韭花逞味之始。助其肥羜，实谓珍馐，充腹之余，铭肌载切。谨修状陈谢，伏惟鉴察，谨状。七月十一日，凝式状。

初秋七月，杨凝式午睡刚起，正感到饥饿，忽收到友人赠送的美味佳肴及一封信。在这一叶报秋的微凉时节，正是韭花鲜香味道初显之时，用它来佐味肥嫩的羔羊肉，实在是美味啊！品尝之后，杨凝式写下这封短札谨表谢意。信笔回帖，萧散闲适的心境跃然纸上，自然率意，是不可多得的千古佳作。《韭花帖》千百年来备受推崇，被后世誉为"天下第五大行书"，不是因为韭花肥羊，而是因其书法的极致之美。北宋书法家黄庭坚曾写诗赞杨凝式："世人尽学兰亭面，欲换凡骨无金丹。谁知洛阳杨风子（杨凝式的别号），下笔便到乌丝栏。"意思是，杨凝式一下笔就达到了王羲之《兰亭序》的境界，这是对《韭花帖》的高度肯定。

《韭花帖》的美体现在向"二王"书风的回归，体现在唯美与散淡的平衡。《韭花帖》文辞古雅，楷行相间，意态萧散，意趣天然。在这样萧散闲适的情境里，章法疏朗散淡，清秀洒脱，结体欹侧而不失平衡，用笔精到，顿挫有致，每个字都散发着悠闲淡雅的韵致，仿佛就是一朵韭花，散漫而随性地开着，散发出强烈的艺术气息。

临习《韭花帖》，具体来说要注意如下几个方面：一是章法上字距大，前三行字距、行距稍密，后面四行字距越来越大，通篇呈前密后疏的自然变化。布白虽多而气不散，格调甚为淡雅。二是结体上要把握好收放与疏密关系，如"乍、叶、报、助、切"等字之收与"秋、花、伏、察"等字之放形成鲜明对比；细细品味，每个字的各部件之间的收放也十分有意思，如"寝、实、察"三字宝盖头下方都留出大量空间，与下部之密集点画形成强烈视觉反差，三个"之"字的横撇夹角特别小，与捺画形成的大三角形空白形成鲜明对比，"花"字上紧下松，"秋、伏、状"左收右放对比也十分强烈，也这就是杨凝式结字布白的过人之处。邓石如曰："疏处可以走马，密处不使透风。"此帖已是表露无遗。三是用笔要做到精微细致，此帖中许多字起笔稍重较为含蓄，如"猥"的第一笔撇，"之""实"（见图 3-5）横的起笔都较重。笔画间的连带有的牵丝细如发而不断，如"鉴、察"等字，但大部分是笔断意连，含蓄典雅。"报""秋"两字对比（见图 3-6）一扎实一舒朗，也可以作为疏密对比的范例。

　　临帖需多读帖，多参悟，多体察，所谓"察之者贵精，拟之者贵似"。只有看准了，才有可能临写准确，所以临帖前一定要养成先读帖的好习惯。

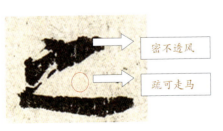

密不透风

疏可走马

疏可走马

图 3-5 "之""实"

图 3-6 "秋""报"

四、苏轼《覆盆子帖》

在中国文人里，苏东坡是最懂生活、最有人情味的，林语堂先生评价他是"一个无可救药的乐天派"。他自己酿酒，做菜，啜茶，制香，在不同的季节采摘不同的水果、植物送给朋友，他的朋友也经常赠送他美食。他的好文章，都是和他的这些生活细节联系在一起的。他的那些书信手札，其实就是他生活的实录，只是这实录里，渗进了一些别样的情味，像清茶，像淡酒，让人忘不了。比如他的《覆盆子帖》（见图3-7），也是写给朋友的信札：

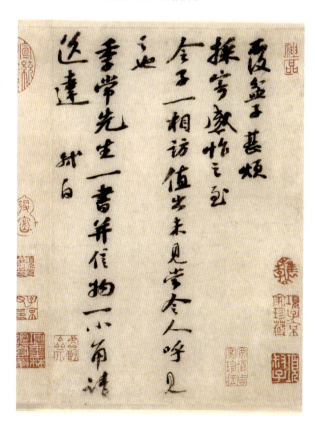

覆盆子甚烦采寄，感怍之至。令子一相访，值出未见，当令人呼见之也。季常先生一书，并信物一小角，请送达。轼白。

初夏时节，苏轼的朋友采来鲜甜的覆盆子（树莓），送给东坡先生。收到美味的东坡先生

图3-7 《覆盆子帖》

十分感动，特地挥毫写下这封短札以表谢意。信的大意就是："覆盆子劳烦您采摘送给我，感谢之至。令子来相访，正好我外出没能见到，应该让人来叫我见面。给季常先生的书信与信物一小角请您送达。苏轼敬上。"字如其人，书法萧散有致，不拘形迹，散淡潇洒。《覆盆子帖》作于他贬谪黄州期间，是写给谁的，因为没有上款，已经不得而知了，也有学者认为此札乃一便条，末二行似代替笺封之言，如是，则此札便是给季常的了。陈季常即陈慥，是苏轼的好朋友，苏轼的很多传世尺牍中，都提到了季常的名字，季常先生也陪伴苏轼度过了谪居黄州的艰苦岁月。其实信是写给谁的已经不重要了，因为这并不妨碍我们领略那真诚的友谊以及流畅的文字、书法之美。

大家有没有发现，这封信有个问题，就是三行能写完的内容写了六行，有些列没写完就另起一行，这是什么意思呢？原来，古人但凡在书信正文中提及人名（多为长辈或平辈），以及他们的行为时，在书写方式上一定要有所变化，以表示尊敬，可以有两种处理方法：一种叫"平抬"，就是另起一行，与上一行的开头齐平着再书写；另一种叫"挪抬"，就是空两格或一格再书写。在《覆盆子帖》中，第二行"采寄"表示对方的行为，第五行"季常先生"是苏轼的朋友名字，为表示尊敬，都采取另起一行平抬的方式书写。这种书写方式使古代许多书信的章法形式是长短错落，参差不齐，上齐下不齐，别有一番趣味。苏轼是宋"尚意"书风的首倡者，他曾说"我书意造本无法，点画信手烦推求"，不是不重视古法而信手涂抹，而是他重在写"意"，寄情于"信手"所书之点画。书法家在"有意与无意之间"的心态下书写，不过多地考虑笔画之间的书写方法，不刻意为之，往往会写出"无意于佳乃佳""出新意于法度之中"的满意之作，达到书法创作的最高艺术境界。《覆盆子帖》就是在这种无意于佳的状态下自然流露而成，情真意实。

我们学习该帖，首先要从整体上把握苏轼书法的风格特征，其用笔多取侧势，行笔厚重、精到，结体扁平，体势左低右高，形成丰腴跌宕、深厚朴茂的书风。在此基础上，我们再仔细读帖，分析每个字、每个字组、行与行之间的呼应对比关系，做到意在笔先。下笔前先将时间回溯到宋代，假想东坡书写这封信札时的状态，捕捉其运笔手势的变化、入纸角度的变化、提按顿挫使转的交替，然后再下笔临摹。我在临习过程中，发现一个有趣的现象，此帖中的大部分字组的外轮廓都呈一个倒三角形，如"覆盆子""采寄""感作之""一相访""值出来""先生""一书""一小角"这些字组中的字都是由大到小，由宽到窄排列（见图 3-8）。这种

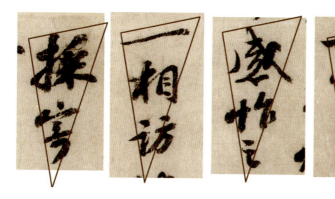

图 3-8 字组的外轮廓都呈一个倒三角形

倒三角形的图案，在视觉上有嵌入感、穿插感、运动感，表现出不平衡性与矛盾冲突。此帖单字和字组大量使用倒三角形造型，行气就不显得整饬与呆板，章法就会丰富、灵动而不单调，这就是此帖的高明之处。我们在临习过程中，要多用心体悟，善于发现规律，做到"心、眼、手"三者紧密结合。

图 3-9 为作者临《覆盆子帖》。

艺术源于生活，书法亦是如此。一封信札，承载着生活百味；字里行间，洋溢着浓浓人情味。品味古人的这些书法美食帖，它们皆是信手拈来，没有浮华做作，没有名利角逐，闲适淡定、超然快乐，体现了古人的生活观和艺术观。这是我们一直在追求，却很难达到的境界。我想这也是我们当代书法应当追求的境界。

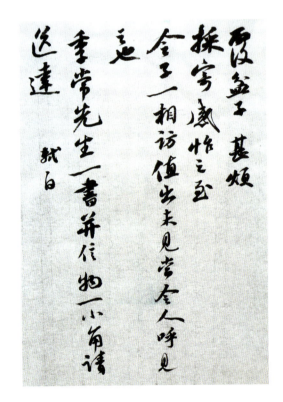

图 3-9 作者临《覆盆子帖》

　　如果看完《十七帖》中的第二十九篇，你会发现王羲之写给好朋友周抚的这些信札，几乎都是一些"芝麻小事"，互赠、寄送物件，比如感谢对方寄来胡桃树种子，询问四川的一些异域风情，比如问成都的城池、门屋、楼观都是否由秦朝时司马错所建造。这篇《旃罽胡桃帖》就是记录一些生活中不大不小的事的往来尺牍。图 4-1 是宋拓本，所谓拓本，就是工匠把法帖刻在石板或木板上。这也形成了书法文化中的重要组成部分"碑帖版本学"，著名的《十七帖》就是靠碑刻流传至今的。因为宋代集大成的《大

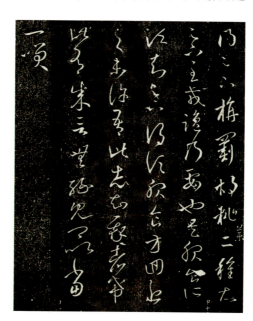

图 4-1 宋拓本《旃罽胡桃帖》

观帖》太过出名，还产生了复杂的翻刻体系，至今都无法完全厘清。这都还只是冰山一角，若论版本体系最庞杂者，首推《兰亭序》版本。北京故宫博物院的王连起老师说过，兰亭版本谱系可以独立成一门学问，足可见其复杂程度之高。清代坊间称碑帖版收藏为"黑老虎"，意为碑帖拓本价格高昂且真假难辨，稍有不慎，很可能使藏者倾家荡产。

一、《䐱䐢胡桃帖》

好了，前面算是插曲，我们来看看《䐱䐢胡桃帖》正文。

得足下䐱䐢、胡桃药二种，知足下至戎，盐乃要也，是服食所须。知足下谓须服食，方回近之，未许吾此志。知我者希，此有成言。无缘见卿，以当一笑。

此帖大意：收到您寄来的䐱䐢（毛毯）物品与核桃两种，得知您将到戎州（戎盐的产地），戎盐（戎盐，疗诸疮——《资治通鉴》卷一百二十五胡三省注引《孝伯传》）正是我需要的，是服食（五石散）所需的物品。您说应当服食，方回（王羲之妻弟）离我这里很近，他却不赞同我服食。"知我者希"（妻弟姓郗，谐音"希"），前人早有这样的话。没有机缘见您，玩笑了。

周抚比王羲之大十一岁，是一员名将，王羲之是一介文士，虽然如此，周抚被王羲之引为真正的知己。到写这些书札时他们已经二十六年没有见面，一直书信互通。从上面的这封书信我们一方面能看出王羲之随着年龄渐长身体渐渐衰颓，需要常服五石散，又需要服用其他药中和其副作用（在《十七帖》的其他帖中，王羲之已述及服食效果不佳，身体已老之意）；另一方面和周抚亲密无间，"知我者希"，在书信中能揶揄老朋友一把，掺杂着对暮年身体状况欠佳的无可奈何和对老朋友的留恋之情。

全帖书写轻、盈、流、利。通篇没有太多起伏和波澜，但字里行间流露出的情感依然饱满。所谓真情实感无须多言。我曾尝试临摹过几次，甚至对其中一小部分字组进行过单独的练习，却总不得真趣。比如下面这几张图片就是我自己临摹的习作。分享出来，相信对初学书法的爱好者有所裨益。

"吾"（见图 4-2）：整体结构要能立得住，上下有伸展，左右回环有序。其中比较重要的两笔，一是起首横，不可过于直白。转向右下时不妨感受"鹅首顾盼"之意。另一处是最后一笔横折横折点的连续书写，使转连贯饱满为宜。此处还有一点，特意加重，如果在书写中不能一笔完成，不妨试试第二章中说过的复笔。字的稳定感全赖这一笔。

"我"（见图 4-3）："我"字

图 4-2 "吾"

图 4-3 "我"

的草书写法与今天差异很大，且这个字十分常用，不妨多加练习。练习时注意中间一笔弯钩向左出锋要时刻保持形态饱满，不要"信笔"出锋，要用手臂和手腕一起推着毛笔出锋，角度要接近圆满。不然线条偏颇，毫无力度，就失去了练习笔法的意义了。

"胡"（见图 4-4，例中使用的是绢而非纸）：这个字书写时要做到果断老辣，尤其左侧切笔的横和竖与点提之间的连写位置。几年前在中央美院的邱振中老师门下学书法时，他说过，这样的位置运笔隐藏的是"挫"。竖的力量左倾至底后挫笔向

图 4-4 "胡"

右上，然后快速下挫，提笔出锋（同样要注意把毛笔推出去，不要轻佻）。右侧反文的最后一笔撇要有"如锥画沙"的出入力度。这里还得说一说书法里的经典命题：什么是"如锥画沙""如印印泥""如折钗股"？我跑题一下，先说说前一段时间的所见所闻吧。某大学教师在电视节目中说，要把毛笔捏成薄片方可书写出不会露出笔锋的转折云云。这种做法和理论有一个根本的问题没有解决，那就是完全不符合史实。从古至今，重要的书法理论都没有提到相关论述。另外，如果此说成立，中国毛笔在过去的几千年中何不改为片状呢？这说法既没有史料依据，也没有实物证据，确属无稽之谈。

什么是"如锥画沙""如印印泥""如折钗股"呢？这三句话的最著名的出处是颜真卿的《述张长史笔法十二意》。这里依据上海书画出版社《历代书法论文选》中的竖版内容摘录如下：

　　乃曰："夫平谓横，子知之乎？"仆思以对曰："尝闻长史九丈令每为一平画，皆须纵横有象。此岂非其谓乎？"长史乃笑曰："然"。

　　又曰："夫直谓纵，子知之乎？"曰："岂不谓直者必纵之不令邪曲之谓乎？"长史曰："然"。

　　又曰："均谓间，子知之乎？"曰："尝蒙示以间不容光之谓乎？"长史曰："然"。

　　又曰："密谓际，子知之乎？"曰："岂不谓筑锋下笔，皆令宛成，不令其疏之谓乎？"长史曰"然"。

　　又曰："锋谓末，子知之乎？"曰："岂不谓末以成画，使其锋健之谓乎？"长史曰："然"。

　　又曰："力谓骨体，子知之乎？"曰："岂不谓趯笔则点画皆有筋骨，字体自然雄媚之谓乎？"长史曰："然"。

　　又曰："转轻谓曲折，子知之乎？"曰："岂不谓钩笔转角，折锋轻过，亦谓转角为暗过之谓乎？"长史曰："然"。

　　又曰："决谓牵掣，子知之乎？"曰："岂不谓牵掣为撆，锐意挫锋，使不怯滞，令险峻而成，以谓之决乎？"长史曰："然"。

　　又曰："补谓不足，子知之乎？"曰："尝闻于长史，岂不谓结构点画或有失趣者，则以别点画旁救之谓乎？"长史曰："然"。

又曰："损谓有余，子知之乎？"曰："尝蒙所授，岂不谓趣长笔短，长使意气有余，画若不足之谓乎？"曰："然"。

又曰："巧谓布置，子知之乎？"曰："岂不谓欲书先预想字形布置，令其平稳，或意外生体，令有异势，是之谓巧乎？"曰："然"。

又曰："称谓大小，子知之乎？"曰："尝闻教授，岂不谓大字促之令小，小字展之使大，兼令茂密，所以为称乎？"长史曰："然，子言颇皆近之矣。工若精勤，悉自当为妙笔。"

曰："敢问长史神用执笔之理，可得闻乎？"长史曰："予传授笔法，得之于老舅彦远。曰：吾昔日学书，虽功深，奈何迹不至殊妙。后问于褚河南（唐代著名书法家，褚遂良），曰：'用笔当须如印印泥。'思而不悟，后于江岛，遇见沙平地静，令人意悦欲书。乃偶以利锋画而书之，其劲险之状，明利媚好。自兹乃悟用笔如锥画沙，使其藏锋，画乃沉着。当其用笔，常欲使其透过纸背，此功成之极矣。真草用笔，悉如画沙，点画净媚，则其道至矣。如此则其迹可久，自然齐于古人。但思此理，以专想功用，故其点画不得妄动。"

其实，"十二意"也不是张旭的原创。历史上笔法十二意还有个更早的版本：《观钟繇书法十二意》，由大名鼎鼎的梁武帝萧衍所述。钟繇是汉末曹魏时期的名臣，不仅政治上颇有建树，在书法艺术上也有重要的成就。一般书法史认为现代语境中的楷书的形成与他有着密不可分的关系。钟繇主要的书法成就是楷书，但区别于今天，那个时候的楷书属于今天的小楷，与颜真卿时代的楷书已经有明显的差异了。拿颜真卿的楷书比，钟繇那个时代很少这么写。梁武帝的《观钟繇笔法十二意》旨在说钟繇楷书横画有伸展开张，有打破字的方形边框的趋势。这是隶书向楷书过渡中最后一点残存的"古意"。而到了颜真卿的《述张长史笔法十二意》则用来形容行书和草书（张旭的专长），究竟是颜真卿没说清楚还是宋人牵强附会？至今仍无定论。

现在，我们回到《旃罽胡桃帖》中，"故"字的最后一笔撇的用笔。我所说的"如锥画沙"指的就是锥在湿润的沙滩上，上下运动十分便利，而当锥锋进入沙子之后，行动无不受到阻力。针对这笔撇的形容就是笔锋落纸迅猛，后与纸有阻力转向左下后，克服阻力快速出锋。这就是所说的"如锥画沙"。那么"印印泥"呢？这里的印泥不是朱红色油质印泥，而是指"封泥"，用来封装书信的泥。铜制印章下按在有阻力的胶泥上，自然会受到均而强的阻力。感兴趣的同学可以用印章在橡皮泥上按一按试试。"如折钗股"是类似的意思，钗股就是银或金质的发簪。金银发簪的物理特性就是常温下用手就可以弯折，弯折时的阻力与印印泥的阻力、锥画沙的阻力才是三者的共通之处。

前面严肃地说了很多书法中的理论，初学者理解起来可能有点困难，但不用太沮丧。唐朝人已经替我们尝试再现了《旃罽胡桃帖》。这幅临作出土于大名鼎鼎的敦煌藏经洞（见图4-5），应该是当时寺院僧侣学习书法时的作品。书写自信流利，展现出唐代人观察书法的方法和学习的状态。其中有些笔画饱满凝重，有

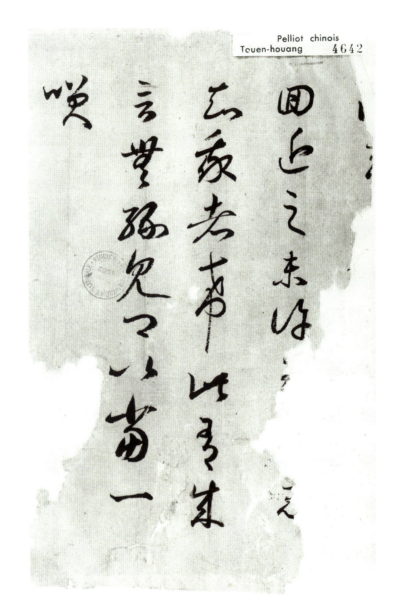

Pelliot chinois
Touen-houang 4642

图 4-5 敦煌藏经洞出土的《旃罽胡桃帖》临作

些则带有明显唐代楷书的样貌。这似乎又说回了老话题：今天的
人能不能模仿古人？

我认为时代局限是很难超越的，你可以勇于突破，但多少会留下自身所处时代的影子，比如残件左起二行最后的"一"字，与唐人写经墨迹如出一辙就是证据。

临作全篇气息通顺，流畅从容。值得留意的是，这篇临作的分行打破了原帖样貌，这也可以给今天的我们学习经典作品提供新的思路。古人的作品能不能改？读者不妨讨论。另外，一些小细节也值得反复品味，比如这张残件右上角的编号4642，"中国""敦煌"的音译，以及不是很清晰的圆形印章。

二、唐摹王献之本《鸭头丸帖》

原文：鸭头丸，故不佳。明当必集，当与君相见。这幅字帖（见图4-6）据说是王献之唯一传世的真迹，是王献之给朋友的一封书札。大致意思是王献之服鸭头丸后，觉得果然如朋友来信所说，效果不好，所以回信约这位朋友明天聚会并将当场求教。在理解上，"故"作何解释？"故"有因此、所以之意，因此这里的"故"可以翻译成"原本"。王献之字帖中出现某一药的情况其实不少，比如《肾气丸帖》《新妇地黄汤帖》，如果要加上那些讨论身体疾病的，还要多得多。为什么会出现这种情况呢？其中一个原因大概在于魏晋时期流行一种服五行散的风气，服用五行散（即五石散）由何晏发明，后人纷纷模仿。据何晏自己说："服五石散非唯治病，并觉神明开朗。"就是说，服此药不但可以祛病，更重要的是可以使精神爽朗、气色红润。因此，出

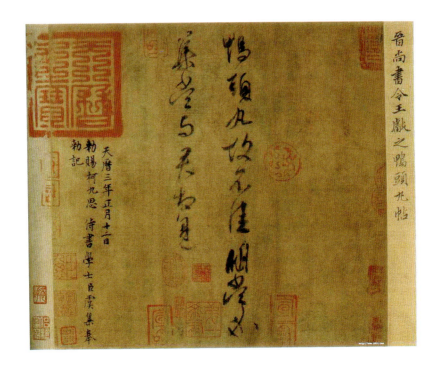

图4-6《鸭头丸帖》

身大族的王献之，其字帖中出现和朋友切磋鸭头丸一事以及出现药房的字样就不足为奇了。

此帖书写连贯俊朗，用笔纯以中锋为之，确实是草书佳品。当然，其风格与王献之《新妇地黄汤帖》不尽相同，更接近唐代怀素的《苦笋帖》，某些用笔像极了颜真卿《祭侄文稿》，如感兴趣不妨找来看一看。

三、张旭《肚痛帖》

忽肚痛不可堪，不知是冷热所致，欲服大黄汤，冷热俱有益。

如何为计，非临床。

看完《肚痛帖》（见图 4-7）及其释文，会感到诧异——尺牍的内容太接近日常生活了！这些保留下来的文本，好似给了我们一个时光机，让我们能回到古人的生活场景中去了解这些人物。首先介绍几种对此帖最后三字的辨认。一说是"非临床"，大概意思应该是非要躺床上不可，可现在不在床边；一说是"非冷哉"，意思是大黄汤冷服热服都有益处，怎么办呢，冷服还是热服大黄汤？最终他选择热服。我偏向于陆卓抗的考证，他认为张旭狂草《肚痛帖》的原文是：忽肚痛不可堪，不知是冷热所致，若服大黄汤，冷热俱有益。如何为计，非临市。意思是，对于肚痛，张旭判断大黄汤应该是对症的药，但现在家中没有大黄汤这味药，又没法买到。

前人对于这张语焉不详的字帖评价颇高。清张廷济《清仪阁题跋》云："颠、素俱善草书，颠以《肚痛帖》为最，素以《圣母帖》为最。"为何一张记录肚子痛的字帖会获得后世这么高的评价，从唐代的韩愈对张旭的评价，或许能看出一二。韩愈说："往时张旭善草书，不治他技。喜怒窘穷，忧悲、愉佚、怨恨、思慕、酣醉、无聊、不平，有动于心，必于草书焉发之。"另外一个原因，或许和张旭其人有关系，张旭在杜甫笔下是一个嗜酒如命、放浪不羁的形象："张旭三杯草圣传，脱帽露顶王公前，挥毫落纸如云烟。"杜甫本人也是颇懂书法的，给张旭"草圣"这一名号足以说明其名气之大。洒脱、随兴而发是张旭书法作品的特点。《肚

图 4-7 张旭《肚痛帖》

痛帖》通篇草书，行文流利，用笔通畅，一气呵成。节奏变化清晰明了，章法自然，气息跌宕不失痛快，是一篇值得深入学习和讨论的草书尺牍佳作。

除本章提到的《䐗胹胡桃帖》《鸭头丸帖》《肚痛帖》外，还有《脚气帖》《地黄汤帖》《平复帖》《养生论》等似乎都是因为书法家头疼脑热而留下的千古名帖。换个角度看，古人对于身体状况和用方的把握，对于"冷""热"这些中医概念的熟稔，都令我们吃惊。很多古代的药方对我们来说复杂而又神秘，对古人来说却是信手拈来一样自然。今人对于感冒分"热感冒"和"冷感冒"，哪种感冒该服用哪种感冒冲剂似乎是不大清楚的，或许中药（药石、药草）传统也是一笔可供我们学习整理的文化遗产吧。

另外，患难之中见真情，对于生病的身体，更需要药，以及送药之人所传递的情，因此，从信札中与"药"有关的内容入手，我们可以读出书写者对于身体状况的把握，也能读出人与人之间的真切情谊。

《肚痛帖》用笔前后变化较大，前半部分绵厚丰盈，后三行磅礴诡谲，气势撼人。张旭还有另一幅作品叫《古诗四帖》，虽也有专家指出可能不是张旭手笔，但不妨闲来欣赏。这里要强调的是，张旭是张旭，我们是我们，不同的天性只能彼此互望，千万不要刻意模仿，这不只是我个人的看法，也是书法史上的观点。不过，书法只是个小圈子，我们看看写出《文心雕龙》的刘勰怎么说：

人之禀才，迟速异分，文之制体，大小殊功。相如含笔而腐毫，扬雄辍翰而惊梦，桓谭疾感于苦思，王充气竭于思虑，张衡研京以十年，左思练都以一纪。虽有巨文，亦思之缓也。淮南崇朝而赋骚，枚皋应诏而成赋，子建援牍如口诵，仲宣举笔似宿构，阮瑀据案而制书，祢衡当食而草奏。虽有短篇，亦思之速也。

刘勰的观点在后世形成了"龙学"，就是专门研究《文心雕龙》的学问。为文如此，为书亦然。但这不代表张旭不可学。《肚痛帖》中的用笔还是很值得反复斟酌反复练习的。特别是一些连续绞转和使转，特别值得借鉴。这里截取局部尝试临摹，正在学习书法的读者可以按照原帖的局部和我尝试的练习进行对比（见图4-8）。虽有不及古人之处，但聊可抛砖引玉。

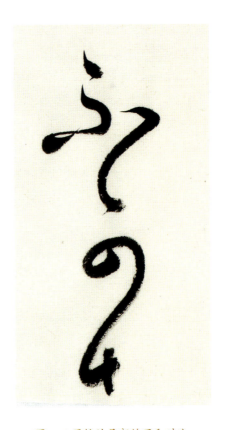

图 4-8 原帖的局部练习和对比

一、王羲之《丧乱帖》

《丧乱帖》（见图5-1）在中国书法史上的地位有些独特，它在唐代已淹没人间，直至晚清，才由赴日考察的清朝官员发现其摹本竟然藏于日本，接着又被编著于书，自此才重新进入书法研究者的视野之中。原文为："羲之顿首：丧乱之极，先墓再离荼毒，追惟酷甚，号慕摧绝，痛贯心肝，痛当奈何奈何！虽即修复，未获奔驰，哀毒益深，奈何奈何！临纸感哽，不知何言！羲之顿首顿首。"粗略读下来大概可知是家族墓地被毁，后又重修的内容。

根据学者考证，王羲之在琅琊临沂的祖先墓地是被南燕军摧毁的，南燕军被击退后"即修复"，时间大概是永和十二年八月。如果你读过《兰亭序》应该还有印象，开篇第一句是"永和九年"。据学者祁小春考证：不争气的东晋门阀和军队北伐失利，导致贵族聚会不能使用丝竹管弦等乐器，所以才有"虽无丝竹管弦之盛"

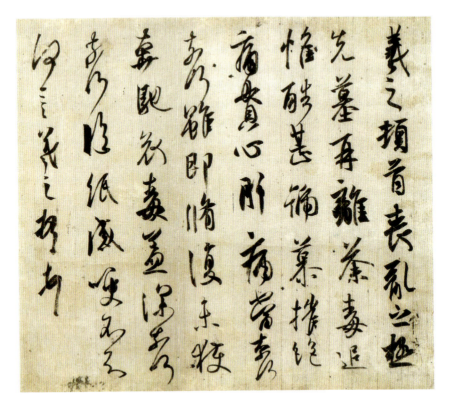

图 5-1 《丧乱帖》

这么一句。这时的东晋王朝并没有改革进取，时隔四年，东晋最有权势的两大家族之一的王氏家族在山东的祖先墓被战火摧毁（其实是先后两次），这件事就不简单是家恨了，还带着国仇。正是在这种历史背景下，王羲之因祖墓被一毁再毁，而自己却不能前往整修祖坟，才写下这封书信表示哀痛。

我们现在所见到的《丧乱帖》是大约唐代中期或稍早一些，由宫廷工匠认真勾填摹制的复制品，原作现已不存。摹制的方法大概和第二章中介绍的方法类似。但由于是专业人员摹写，所以摹写精细逼真，在当时就有人评价其是"下真迹一等"。在那个没有复印和拍照的年代，这种复制方法已经是人类能实现的最好的方法了。原作可能是一张书信草稿，因为作为吊唁类型的尺牍，书写不够严肃。事实上你在第一次欣赏这幅尺牍作品时也会有同样的发现。《丧乱帖》《二谢帖》《得示帖》共同摹写在一张皮纸（雁皮和褚皮混合制作的皮纸）上，并装裱成日式立轴保存在日本的博物馆中。单看《丧乱帖》整幅作品，前后书写变化较大。前三行是严谨的行书，单字排列相对整齐，字势变化不明显。从第四行"痛"字开始，书写速度和入纸力度开始变得不像之前稳定，每个单字都有速度变化，字与字之间或是连带，或是有控制地留出距离，带给观者较强烈的节奏起伏感。有的人从中体会到悲痛，有的则品味出哀伤。的确，从行文上看，反复被提及的某些惯用语，一次又一次提醒观者书写者的情感背景。《丧乱帖》中，号慕摧绝、痛贯心肝，痛当奈何奈何、哀毒益深、临纸感哽都把读信人的心情不断推进哀痛的情感深渊。随着读者心情的沉郁，一次一次被强调的"奈何"积累着的是向下的沉重感。随之而来的是书写笔画由拘谨的锐利转折和饱满的用墨向苍茫而浑厚的干笔飞白与圆转遒劲的转折变化。相距不远就赫然出现刻意加重的起笔和收尾"顿首顿首"连用的顿挫感，把一封简短的尺牍渲染出吊唁书仪沉痛中理所当然的分量感。这不禁使人联想起《沃尔塔瓦河》的复调。全曲前部分明晰简略，至曲终的浩瀚辉煌。前者书法向下慨叹，后者音乐上升激扬，可以说是异曲同工。如果你也听过斯美塔那的《沃尔塔瓦河》，不妨找来再听一遍。

下面我们分别从细节到整体审视一遍这幅作品，相信这样的过程会对你学习《丧乱帖》有所帮助。通常，我们会专门强调从整体到局部的观看方法，先远观整体气势，再细看字体结构，最后看用笔。这种方法是基于展厅展示作品建立的，不太适合小尺牍的赏析。我们要回归到尺牍本身的功能和使用方法，才能理解究竟应该怎样观看它们。《丧乱帖》这样的尺牍在当时所用的纸张是一定会被折的（受限于信匣），至于是向内折还是向外折，我们可以根据尺牍用纸的规矩来说一说。魏晋时期，纸张宝贵，造纸和加工技术倾向于厚密坚挺，结实细腻。这一点我们通过出土的文物可以略窥。但贵族和官僚用纸保存不多，我们可以参考公文尺牍《李柏文书》的样子。日本学者经过研究发现，《丧乱帖》中有隐隐约约的竖向折痕（见图 5-2）。在一次重新装裱时经过观察发现，这可能是唐人摹写之前在纸张背面用竹片划刻出的痕迹。其实魏晋时期这样的折痕也是有的，这样做有什么好处呢？一是可以起到画格子的作用。二是公文用纸较厚，很容易产生不规则折痕。提前划好竖棱可以有效防止意外的折痕和使用时的磨损，以免影响到字的美观和完整。

图 5-2《丧乱帖》的竖向折痕

由此我们也可观察《丧乱帖》中折痕位置的墨迹，窥探折痕的影响。比如"奈何""临"三字左侧都能明显看出受到纸面起伏的影响，出现了被后人误会的笔法"跳笔"。就是说本来很粗，却突然断崖似的变细或出现波动的笔画。它的形成原因就是纸面有棱。不仿拿普通打印纸试着折一下，有棱面为正面，毛笔写过去自然会出现这样的现象。类似的还有第三行："当"（见图5-3）横向穿过竖点的一笔横如丝带左右摆动，两次出现所谓"跳笔"也是可以说明一些问题。

在学习《丧乱帖》或其他王羲之书法作品时还有一个问题比较棘手，那就是笔画顺序问题。比如起手的第一个字"羲"（见图5-4）。这个字应该是王羲之的常用字，他自己也对这个字进行过各种书写尝试，单就《丧乱帖》来说就有两种写法（最后一行"羲之"是连写）。当然除笔顺以外，这个字的结构和用笔也真的是很难学会和领悟，有很长一段时间，我临摹《丧乱帖》的时候，对第一个字如何写都感到很为难。有时候我的老师刘涛先生也会说："你不妨试试躲过

图 5-3 "当"

图 5-4 "羲"

第一行写"，这样做的好处是减轻心理压力。后来我对自己的书写越来越不满意，还专门拿出时间把第一行的每一个字写过至少一千遍。这也是邱振中老师给出的指导建议。效果就是，笔法正确的情况下，这样做能够留下很准确的肌肉记忆，以后每写类似的字都不再犹豫，为难心理也就消失了。

二、蔡襄《离都帖》

蔡襄的《离都帖》如图 5-5。

原文：襄启。自离都至南京。长子匀感伤寒七日。遂不起此疾。南归殊为荣幸。不意灾祸如此。动息感念。哀痛何可言也。承示及书。并永平信。益用凄恻。旦夕渡江。不及相见。依咏之极。谨奉手

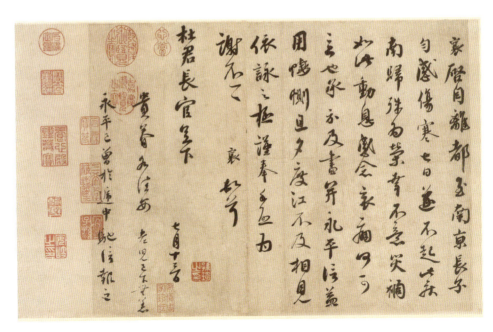

图 5-5 蔡襄的《离都帖》

启为谢。不一一。襄顿首。杜君长官足下。七月十三日。贵眷各佳安。老儿已下无恙。永平已曾于递中。驰信报之。

这封信写于公元 1055 年，蔡襄因政治斗争失利，被贬谪福建泉州做知州（北宋的知州地位比较特殊，一般由朝廷任命，全称为："权知某州州军事"，为一州的副主管）。根据学者考证，蔡襄共有三子，长子蔡匀，次子蔡旬，小子蔡旻。在迁徙到当时的"南京"（今天的河南省商丘市）时，随行的长子蔡匀感染伤寒病，时间不长（信中说七日便不起此疾）就去世了，蔡襄悲痛不已。友人写信来吊唁，蔡襄于是回信感谢友人情谊，遂有此信。原文写：旦夕渡江，不及相见。依咏之极。想必无论是行程之急迫还是心情之沉重都使蔡襄无法附和友人写来安慰自己的诗，所以简单地写：感谢您的亲笔信，这里就不说了。襄顿首（跪下磕头：这里顿首二字是礼貌用语）。杜君长官阁下应该就是这位友人，（书信中提到对方时不仅应换行，还要提高一个或半个字的位置以示尊重，但晚辈或可不用），日期后另附两行，问杜先生家人安好，并表示自己和其余家人都好，永平已曾于递中，驰信报之。永平不可考，当是杜家人或亲近仆人。因其永字与右边的贵眷一行高度完全一致，故作此推断。《离都帖》写得好是因为它与《丧乱帖》同为答吊唁尺牍，但书写面气息不同，内部变化也有诸多不同之处。这当然是时代使然，比如北宋时代恐怕只有苏轼敢站出来说"我书意造本无法"，其余大部分人虽有强烈的自我面貌，但总能发现一些王羲之的影子。比如"何可"两个字，学过王羲之《十七帖》的人一眼就能发现。再比如正文中最后一句："……为谢。

不一一。"都是法出"二王"无疑。这也给我们学习书法提供了一条出路，那就是如果你不像黄庭坚和苏轼一般能够聪明到自立门户，那么也可以像蔡襄一样偶尔偷用名家的"果实"稍作区别，这也是很好的创作方法。当然"稍作区别"对今天的学习者来说也是很困难的，更多的是做不到"像"，而不是有意的"稍作区别"，这是后话。与《丧乱帖》相比，《离都帖》用笔提按相参，笔画边缘以圆柔为主，作品纵行轴线摆动轻微，字间距变化不大，整体呈现稳定的书写状态。单字倾向于横向挤占空间而不是纵向拉伸。比如第一行最后一个字"子"，第二行"寒""此""疾"等。丰腴的用笔是北宋四家都有的特点，这大概与整个时代重视

文化和长时间天下太平导致的物质生活富足有关。如果丰腴太多则是缺点，这可以参考元代赵孟頫的一些作品。蔡襄的丰腴是有骨力支撑的，比如"动息感念"四个字，"动"的右半部分可以说是丰腴至极，连带"息"字部分也有些媚。但往下看"感念"，又有些颜真卿《祭侄文稿》那苍茂老辣的影子。这一点，蔡襄转换自如，临摹时需要加以注意，不要写起来趋于平淡没有变化。蔡襄的另一项长处是使转使用自然连贯。比如最后一行的"谢不一一"（见图5-6）纯以使转

图5-6 "谢不一一"

为之，圆转处竟然没有一点泄气。本章选择的两幅作品临摹时均须在注意字形体态特征和行位置关系之外特别留心用笔细节。现将作者临摹和讲解的示范附录如下，可做练习参考。

① 笔顺，"毒"和"羲"这两个字笔顺较难琢磨。

② 《丧乱帖》"痛、贯"两字（见图5-7），"贯"字上半部分有一处废笔，几乎写成了"母"字。"贯"字最后两笔点连接虽然轻松，但用笔要轮廓饱满。

图5-7 "痛、贯"两字

③ 《丧乱帖》第五行最后一字"获"，只有两笔，用笔较多使转，所以书写时应多加留意，或者可以就单独一笔反复练习（见图5-8）。其实不妨多多练习这个字，因为这样的长线条不出现使转上的棱角和发力的不协调等问题实在是难，类似连续用笔在怀素、黄庭坚等书法家作品中经常被使用，单独练习对于系统学习行书、草书可以说一举多得。

图 5-8 "获"字的后一笔

相似的字在《丧乱帖》中还有一例："……哽，不知……"接近王献之被后人称道的"一笔书"（见图5-9）。这样的书写建立在对毛笔较熟练的掌握和对后续文字胸有成竹的基础上。当然也是由于"不知"两个字是古代尺牍或日常用语中的常用字，所以书写才会如此得心应手。在学习时还可以进行同样连续书写的换字练习，对于培养创新意识是一种很好的训练。在《离都帖》中也有常用字连续书写的例子，比如："……

图 5-9 王献之"一笔书"

谢，不一一……"同样是连续使转，可以互相参考（见图5-10）。

④ 通临《丧乱帖》（见图5-11）。这幅临作并不算好，一是拘谨了些，二是有些笔画不到位，三是毕竟有些愚忠于原作而没有个性的发挥，但对于初学者来说可以起到抛砖引玉的作用。

5-10《离都帖》"谢不一一"

图 5-11 通临《丧乱帖》

学习建议：《丧乱帖》用笔较为复杂，读帖需要尤其细致。不仿找一找单字，对其进行独立的观察和用笔的揣测，结合书写尝试，最终确定书写顺序和用笔逻辑（用笔逻辑的解释见第二章笔法部分的说明）。单字书写过千并不为奇，至多是入门。所以"勤"才是最重要的学习方法。

《离都帖》中单字书写用笔难度较低，需注意字与字之间的大小、轻重关系。连续书写字串可以单独练习至熟练。但《离都帖》不能全面展示蔡襄书法的整体面貌，建议结合蔡襄《暑热帖》《澄心堂帖》《海隅帖》一并学习。

一、黄庭坚《花气熏人帖》

五代王定保的《唐摭言》卷一三记载了这样一则故事：

裴廷裕，乾宁中在内庭，文书敏捷，号为"下水船"。梁太祖受禅，姚洎为学士，尝从容。上问及廷裕行止，洎对曰："顷岁左迁，今闻旅寄衡永。"上曰："颇闻其人构思甚捷。"洎对曰："向在翰林，号为'下水船'。"太祖应声谓洎曰："卿便是'上水船'也。"洎微笑，深有惭色。议者以洎为"急滩头上水船"也。

译文：（唐末）裴廷裕，乾宁年间在内庭为官，他文思敏捷，绰号"下水船"。梁太祖受禅接替皇位时，当时作为学士的姚洎曾怂恿鼓动过，当太祖问到裴廷裕的近况时，姚洎答道："近年被降职，如今听说寄住衡阳、永州一带。"太祖又问道："听说这个人才思非常敏捷？"姚洎道："他之前在翰林院，绰号叫'下水船'。"太祖随即对姚洎说道："这么说来你便是'上水船'了？"姚洎虽在微笑，实际上深带愧色。后来议论的人都把姚洎称作"急滩头上水船"。

这则故事中，才思敏捷被喻为顺流迅疾而下的"下行船"，将才思迟钝比作浪急滩险"逆水舟"。

南宋文学家周紫芝的《竹坡诗话》是一部诗话著作。也记载了这个故事：

> 梁太祖受禅，姚洎为翰林学士。上问及裴廷裕行止曰："颇知其人，文思甚捷。"洎曰："向在翰林号为下水船。"太祖应声曰："卿便是上水船。"议者以洎为急滩头上水船。鲁直诗曰："花气薰人欲破禅，心情其实过中年。春来诗思何所似，八节滩头上水船。"山谷点化前人语，而其妙如此，诗中三昧手也。

周紫芝号竹坡居士，故此书命名为《竹坡诗话》，全书 1 卷共 80 则。周紫芝在《竹坡诗话》中强调"诗写所见"，必须让读到的人如身临其境，方得其妙；描写要逼真，即使没有看见过描写的景象，也可以引起人们的"想象"。他还强调诗应有"气象""风味"，叙事要有"情致"，并且在雕琢后展现诗的平淡为佳，推崇苏轼、黄庭坚"点化""熔化"之功。该则诗话引用"上水船"的典故，来说明黄庭坚（字鲁直）写诗的点化、熔化之功。黄庭坚的《花气诗》："花气薰人欲破禅，心情其实过中年。春来诗思何所似，八节滩头上水船。"诗意为：

"我的禅定被这浓郁的花香气打破了，但现在，心境已过中年，不想被打扰，而你却在春天里送来这些花催我写诗，却不知我现在的状态就像一尾小舟在八节滩头的逆流中颠簸徘徊？"

这里"八节滩头上水船"中的八节滩，是洛阳附近的一处险滩。白居易《开龙门八节石滩诗二首》的序说："东都龙门潭之南，有八节滩、九峭石，船筏过此，例及破伤。"黄庭坚说自己的诗思就像在八节滩的险滩上逆水行舟一样。

大诗人、词人黄庭坚为什么说自己诗思艰涩如逆水行舟呢？

提及该书帖，还不得不从宋神宗的驸马，也即宋徽宗的姑父王诜（约 1048—1104）谈起。王诜祖籍太原，他是北宋开国功臣王全斌的后代，自幼受到良好的教育，性格风流倜傥，诗文图画兼擅，尤其喜欢收藏古董。北宋熙宁二年，神宗赵顼将其妹妹蜀国长公主许配给王诜，同时封他为驸马都尉。王诜颇有才气，他和当时的端王赵佶，著名文人苏轼、黄庭坚、米芾等交好。

大约在公元 1100 年的一天，北宋著名词人、书法家黄庭坚正在家中闭关修行，忽然有人送来了满屋子的鲜花。送花的是宋神宗的驸马王诜，因为此前黄庭坚曾答应给王诜写诗，但过了好久也没收到，王诜于是送花提醒他。可没想到这花气却完全扰乱了黄庭坚的禅定，黄庭坚于是当即写下了这首千古佳作《花气诗》（见图 6-1）。

黄庭坚（1045—1105），字鲁直，自号山谷道人，晚号涪翁，洪州分宁（今江西修水）人，宋代文学家、书法家。作为"苏门四学士"之首，在诗词上与其师苏轼并称"苏黄"，并开创了"江

图 6-1《花气诗》

西诗派"，被其后继者奉为一代宗师。在书法上，与苏轼、米芾、蔡襄并称为"宋四家"。

禅定中见花香，是鼻观未断。想必，黄庭坚的禅本来就不定。何以不定？心与情皆过中年，能做的和想做、还没做的都可能是来不及做的。八节滩头的船与中年人的担忧何其相似。惠能说：能者自渡。黄山谷一定在想自己是不是能者。

于书法，他是。《花气熏人帖》的好在第二章关于虚实的描述中已经大体说清了。现在我们看看具体的用笔。黄庭坚的用笔方式独一无二。他把线中间的曲折变化发挥到了前无古人的程度。笔画往往在打开轮廓的同时向四周蔓延。是的，蔓延。他的用笔就像藤蔓缠绕，不仅缠绕在字上，更缠绕在同时代的其他书家心中。他和苏轼是亦师亦友的关系，命运也像藤蔓一样交织在一起。因为苏轼的赏识，他在王安石变法时被划分在苏轼一边，后来，反对变法的苏轼险些死在牢狱中，黄庭坚自然也不会好过。要不是王安石伸出援手，恐怕这二位都没有活的机会。苏轼评价黄庭坚的用笔像"挂死蛇"，黄庭坚则牙尖嘴利地说苏轼的字像"石压蛤蟆"，可见两人书法风格之迥异。但艺术的见解不影响他们的友情，这也是黄庭坚与苏轼可爱的一面。他们的书法都属于风格醇和一路，用笔形态不同，但本质都是饱满闲适的面貌。醇和要怎么形容？其实不妨用另一面镜子看看，也许能给读者一些启发。

　　晋祠，位于山西省太原市市郊，始建于西周。现存建筑"圣母殿"是晋祠最核心的建筑，建造于北宋初年，是保存完整的宋代建筑。建筑学家梁思成先生把古代建筑划分为："豪劲时期""醇和时期""羁直时期"。而晋祠是醇和时期的典范之作。下面我们来看看晋祠圣母殿典雅的曲线和精美的装饰。留心看重檐歇山顶的房檐曲线，微微"升起"的两边与斗拱铺作和间柱之比较（见图6-2），柔和优雅，令观者如沐春风，殿内泥塑也保持了宋人模样（见图6-3）。

　　若你看过晋祠还是没有感受到一点"醇和之风"也不用急，对比

图6-2 两边与斗拱铺作和间柱之比较

图 6-3 殿内泥塑

苏轼另一位朋友米芾的《紫金砚帖》，也许更能找到感觉。

二、米芾《紫金砚帖》

元丰三年，年仅二十五岁但登基已达十五年的宋哲宗赵煦突然驾崩。这位一心励精图治，但却先后生活在太皇太后高氏和新旧党争两大阴影中的年轻皇帝，并没有实现自己的宏伟抱负。然而吊诡的是，他的弟弟端王赵佶，一个笃信自己乃南唐后主李煜转世，从小沉湎于笔墨丹青、狗马蹴鞠、奇花异石，从来没有想过要当皇帝的太平王爷，却阴差阳错地登上了大宋帝位，是为"诸事皆能，独不能为君"的宋徽宗。

东京汴梁四海同悲的国丧，和随后肃穆庄严的登基，跨越四千里关山海陆的重重阻隔，改变了一位身处"天涯海角"的老者。他，曾是令欧阳修折服的青年才俊，是让宋仁宗欣喜若狂的新科榜眼，是名动海内的文坛领袖；他也曾是乌台狱中的待死囚徒，是党人碑上的害政之臣，是一路向南、被一贬再贬的戴罪之人！他就是天下士子延颈相望的东坡居士——苏轼。

新帝登基，大赦天下。原本已经打算死在南天荒岛的苏轼，也得到了赦免，跨海北归。五月下旬，苏轼舟抵真州；六月一日，大书法家米芾前来拜会于润州东园。二人话及岭海经历，同游山川美景，然而苏轼却因江南气候酷热饮冷过度，暴泻不止。其间米芾时至问疾，且为其送去麦门冬药饮，苏轼甚为感激，特意作诗记其事。数日后，米芾入京前来告辞，苏轼尚能强起相送。然而两人都不曾料到，此次分别竟成永诀，近二十年的交往戛然而止。

二人重逢期间，米芾拿出心爱的谢安《八月五日帖》拜托苏轼题跋，但终因苏轼病体沉重而未能实现。但就在米芾离开时，苏轼却借走了他珍爱的文房紫金砚，并在临终前嘱咐家人以此砚陪葬。米芾闻讯后追回了这方名砚，并将这件事写在一封尺牍中，这就是著名的《紫金砚帖》（见图 6-4）。

图 6-4《紫金砚帖》

原文：苏子瞻携吾紫金研（注：通"砚"，下文同）去，嘱其子入棺。吾今得之，不以敛。传世之物，岂可与清净圆明、本来妙觉、真常之性同去住哉？

大意：苏子瞻（以前）从我这里借走了紫金砚台，（而且后来）嘱咐他的儿子（等他去世后当作陪葬品）一起入殓。我现在拿回了它，不让它去陪葬。流传给后世子孙的物件，怎么能够可以和（苏轼这样）已经完全涅槃、修成正果、真纯不朽的人放在一起呢？

这件著名的文坛、书坛轶事的确令人如堕五里雾中：苏轼为什么不仅借砚不还，还要霸占朋友的珍爱之物陪葬？米芾既然如此崇敬苏轼，为何不割爱成全好友的遗愿？千百年来聚讼纷纭，但有一点是大家的共识——号称"米癫"的米芾对砚台有着痴狂的喜爱，宋代何薳《春渚纪闻》中记载：

一日上与蔡京论书艮岳，复召芾至，令书一大屏。顾左右宣取笔研，而上指御案间端研，使就用之。芾书成，即捧研跪请曰："此研经赐臣芾濡染，不堪复以进御，取进止。"上大笑，因以赐之。芾蹈舞以谢，即抱负趋出，余墨沾渍袍袖，而喜见颜色。

皇帝的心头之爱尚且敢于"巧取豪夺"，本属于自己的珍玩有什么不好意思要回来的！米芾在自己的《宝晋英光集》中提到："吾老年方得琅琊紫金石，与余家所收右军砚无异，人间第一品也。端、歙皆出其下。新得右军紫金砚石，力疾书数日也，吾不来斯不复用此石矣。"珍爱之情溢于言表。

然而这也只能解释米芾要回紫金砚的原因，却不能解释苏轼"霸占"紫金砚的举动。虽然我们已经无从知晓确切的原因，但还是能从二人交游的一些小故事中窥得一二，宋代葛立方《韵语阳秋》中记载：

米元章书画奇绝，从人借古本，自临拓。临竟，并与临本真本还其家，令自择其一，而其家不能辨也。以此，得人古本甚多。东坡屡有诗讥之。

看来如果论起"霸占"，这位鼎鼎大名的米南宫没少干类似的"缺德事"，而且苏轼也没少因此嘲笑他。那么，这会不会是一向顽皮幽默的苏东坡，在临死之时跟老友开的一个玩笑呢？我认为极有可能！

元祐四年，苏轼因受台谏围攻而自请外放，以龙图阁学士知杭州。乘船途径润州时，米芾特地远道赶来饯行，还带来一方砚台请苏轼作铭，这就是著名的《米芾石钟山砚铭》：

有盗不御，探奇发瑰。

攘于彭蠡，研钟取追。

有米楚狂，惟盗之隐。

因山作砚，其词如云。

这篇砚铭恐怕也算"东坡屡有诗讥之"中的一个吧。米、苏二人相差十四岁，交游时间长达二十年，苏轼对米芾又有提携之恩，米芾亦以师友对苏轼，但二人的交往却不拘俗套，因此苏轼临终拿米芾的心爱之物开个玩笑，还是非常有可能的。从米芾对这件事情的叙述，尤其是"岂可与清净圆明、本来妙觉、真常之性同去住哉"这样明显的戏谑口吻，这种可能性就更大了。

通观这幅尺牍，书写流利自然，行气摆动克制而轻松。用笔轻盈不失厚度，中锋侧锋交替。笔画边缘伶俐使转迅猛，八面皆能出锋。

帖中很多字都能代表米芾的书写态度。比如图6-5中的"研"字。这个字体态妍媸，如人迎风顾盼，整体趋势向左倾斜，唯最后一笔竖画挺立不婀。再细看，这个字还牵扯到一个很重要的问题，书写的逻辑。你看，起笔侧锋入纸，使笔向右上挑起，然后是米芾招牌动作"折笔顿笔"使转向左下，线条并不匀直，至收尾处很可能是笔中墨多且新笔有"贼毫"脱出，不得不周旋一遭，稍显肥腻。连续两点上提至"开"的横画。这笔横有很大侧锋嫌疑，故连下一笔时连带牵拉较长，给笔锋一个可以调整的空间和时间。但事实上，笔锋行走的距离稍

图6-5 "研"

显大了些，无奈顿笔回锋写两笔竖，左侧竖画如新生嘉木，亭亭可爱，右侧长竖则如古树垂阴，郁郁森森。这还不算结束，米芾发现了"开"的第二笔横上下差距稍远，于是果断"复笔"一书，加重了横画开端的分量，使左右交合，重心稳定，气势饱满。明代书画大家董其昌在他的《画禅室随笔》中说："米海岳（米芾）书，无垂不缩，无往不收。此八字真言，无等等咒也。"就是说，用笔要行至结尾处不卸掉力量，应该往回收束，这是最重要的法则。米芾确实做到了这一点。再说回结构，"研"字整体形势呈三角形，重心偏左。为什么会出现这样的情况呢？一是米芾的书法有这样向左倾斜的习惯。二是，紫金砚帖开篇第一个字"苏"就是向左倾斜。开篇第一个字的体势和用笔往往决定了通篇的特质。比如颜真卿的《祭侄文稿》开篇第一字"维"就足以揭示全篇用笔特色了。

　　米芾有很多作品由于太过于情感丰富而又剑拔弩张，显得跋扈恣意，但这幅《紫金砚帖》看起来就像读优美的散文，文从字顺，悦目赏心。但，这不代表米芾没有用心，我们来看米芾在写它时

的小心思。

王羲之在他的《题卫夫人笔阵图后》一文中提到："若平直相似，状如算子，上下方整，前后齐平，便不是书，但得点画耳。昔宋翼（钟繇弟子）常作此书，繇乃叱之，遂三年不敢见繇，即潜心改迹。"可见字形排列整齐应该是不被认可的写法。那么如果不排列整齐，应该怎么写呢？米芾给了很好的方案。形随字易，笔画多的字不妨写大一些，笔画少的字可以写小一些。图6-6"嘱其子"就是米芾的答案。当然，老米（米芾的儿子米友仁也是一位书法家。所以后来人们称米芾为老米，称米友仁为小米）是位书法老手，不会仅限于单行的变化。我们再把范围放大一些，看

图6-6 "嘱其子"

看帖中的单字。

字不仅应该有个体差异，还应该在书写时考虑左右位置是否能够合理划分空间。合理不是平均，也不是集中，最好的结果是各自舒展却不相互影响，所谓"星列河汉，各尊仪轨"是也。

这幅作品中除巧妙的对比以外，一些字的外轮廓也是十分值得分析的。这里，我只做一个局部的曲线角度分析示意。图6-7中"圆明"二字的外轮廓显然是米家书写的经典形态。"圆"字

竖画向左膨胀，横折处为了不使方
形结构过于臃肿，也向左挤压，他
还特意把提笔折断夸张出三角形的
空间，目的也是突破方框结构的稳
定感。两个字相似的笔画：三个横
折，完全不同，前者流利，次者结实，
第三个柔媚。这里强调一点，米芾
的横折是"笔连意断"的。这种动
作需要学习者反复练习体会。

图 6-7 "圆明"

　　"明"字的日字旁写得厚重爽
利，"月"字的两边曲线柔美飘逸。
上下两字的轮廓左侧类似，右侧则截然不同。相似的处理在快速
书写中应该算是一步险棋，因为相似就容易单调，但米芾是个天才。

　　上一次见到这样的例子是在伊斯坦布尔考古博物馆的展厅中。
一尊残存下半身裙摆的雕塑（见图 6-8），那种飘逸的美感至今
难忘。综合来看《紫金砚帖》不仅具有极高的艺术价值，更记录
了书法史上两位大家的一段珍贵往事，见证了两位书家不同俗流
的交往，称得上"西园遗趣"了。

　　"西园"是宋英宗女儿蜀国大长公主的丈夫、驸马王诜的私
家花园。王诜善书画，精于诗文。他在自家花园组织了在中国古
代文化史上的影响仅次于"兰亭雅集"的聚会，当时参与的人叫
它"西园雅集"。这个雅集的时间，学者们一直没有定论。我们
应该感谢参加雅集的李公麟绘制了《西园雅集图》，而米芾在图

图 6-8 伊斯坦布尔考古博物馆的残存雕塑

后跋写了《西园雅集图记》。现在我们已经无法看到李公麟的原作了，但《西园雅集图记》却在历代法帖刻本的接续中保留了下来。米芾记录道："水石潺湲，风竹相吞，炉烟方袅，草木自馨。人间清旷之乐，不过如此。嗟呼！汹涌于名利之域而不知退者，岂易得此哉？"《兰亭序》中有："此地有崇山峻岭，茂林修竹，又有清流激湍，映带左右，引以为流觞曲水，列坐其次。虽无丝竹管弦之盛，一觞一咏，亦足以畅叙幽情。是日也，天朗气清，惠风和畅。仰观宇宙之大，俯察品类之盛，所以游目骋怀，足以极视听之娱，信可乐也。"米芾的跋与它有什么分别吗？没错，几乎一样！只不过，一个是符合米芾性情的问句，一个是贵族口中的从容陈述而已。参与者有士大夫，也有修行的僧人和道士。黄庭坚、米芾、李公麟（画家）、苏辙、秦观、晁补之，都是集会成员，还有日本东来学法的圆通大师和道士陈景元，当然，还有苏轼。

谈中国文化，谁能绕开苏轼呢？西园雅集的美好想必苏轼也会常常回味，但谁又能如米芾所说的"知退"那般从容自在？

所谓"多情自古伤离别，更那堪，冷落清秋节"，参与西园雅集的几位主要人物，多少都受到变法的影响。苏东坡遇见王安石，谁也没错，只是时代使然。他们二位都是朝廷栋梁，同为诗文奇才，后代又把他们同列入"唐宋八大家"。怎么说，也会有少许尴尬。

王安石自己可能都没有想到，他的诗印证了苏轼的后半生。他的《初夏即事》："石梁茅屋有弯碕，流水溅溅度两陂。晴日暖风生麦气，绿阴幽草胜花时。"像极了苏轼的心态。苏轼走到哪里都能从容"胜花时"，他治西湖、改盐政、饬军事、兴教育，时不时还能开个"花会"！他一路吟咏，还总能发明些好吃的。直到海南北归，又应了王安石"青山缭绕疑无路，忽见千帆隐映来"的诗句。从容的苏轼不是没有困苦的时候，比如他的《寒食帖》，就足以窥见当时的潦倒之状。潦倒谁都有过，问题在于，面对潦倒时，你会站着对话，还是跪着悔过。

在黄州，苏轼与北宋名臣陈希亮的儿子陈季常相交最密，他们是故友。苏轼自己说："凡余在黄四年，三往见季常，而季常七来见余，盖相从百余日也。"二人交往可见一斑。交谈除了日常琐事、文艺切磋，也多涉及佛理，比如苏轼的《寄吴德仁兼简陈季常》中就有"龙丘居士亦可怜，谈空说有夜不眠。忽闻河东狮子吼，拄杖落手心茫然。谁似濮阳公子贤，饮酒食肉自得仙。平生寓物不留物，在家学得忘家禅"之句。龙丘居士就是陈季常的号。"狮子吼"是禅宗一脉代代追求的机缘，意指明心见性的刹那。如闻狮吼，振聋发聩的意思，后来被乱用作"河东狮吼"的典故，说得有理有据似的。

图6-9是苏东坡写给陈季常的信，委托他向曹光州解释黄居寀的画现在还无法归还的原因，并且寄了一饼茶以致歉意。全作不像前面提过的《覆盆子帖》那样结构畸变，书写平实，从中可见苏轼已从贬谪黄州的苦闷中解脱出来，并颇有些轻松的惬意。临摹时不妨执笔轻松一些，注意结构的扁平和用笔的穿插之感，这是苏轼十分善于营造的感觉，有时让观者感觉他的毛笔在书写中仿佛就没抬起来过。附上作者临写的习作（见图6-10），可作参考，但若是临摹应以原作为准。

容我再盘桓几句，因为实在舍不得离开。苏轼的《和子由渑池怀旧》中提到了他悟出的人生真谛："人生到处知何似，应似飞鸿踏雪泥。泥上偶然留指爪，鸿飞那复计东西。老僧已死成新塔，坏壁无由见旧题。往日崎岖还记否，路长人困蹇驴嘶。""雪泥鸿爪"

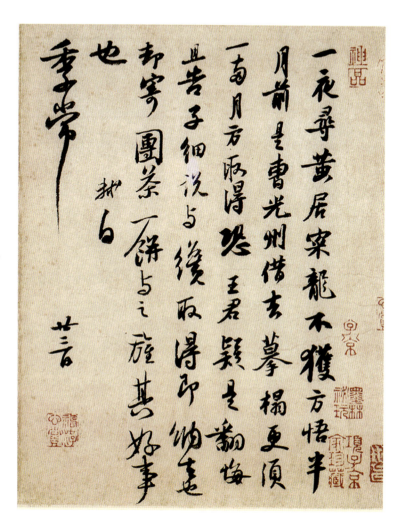

图 6-9 苏东坡写给陈季常的信

美好、孤傲、冷峻、短暂，既有力度还留情面。不像我，做事总是盘桓再盘桓。何况，他还有更果断迅猛的句子，只是少被人提及："长洪斗落生跳波，轻舟南下如投梭。水师绝叫凫雁起，乱石一线争磋磨。有如兔走鹰隼落，骏马下注千丈坡。断弦离柱箭脱手，飞电过隙珠翻荷。"迅猛果敢，直入如来境。释迦牟尼也说过一

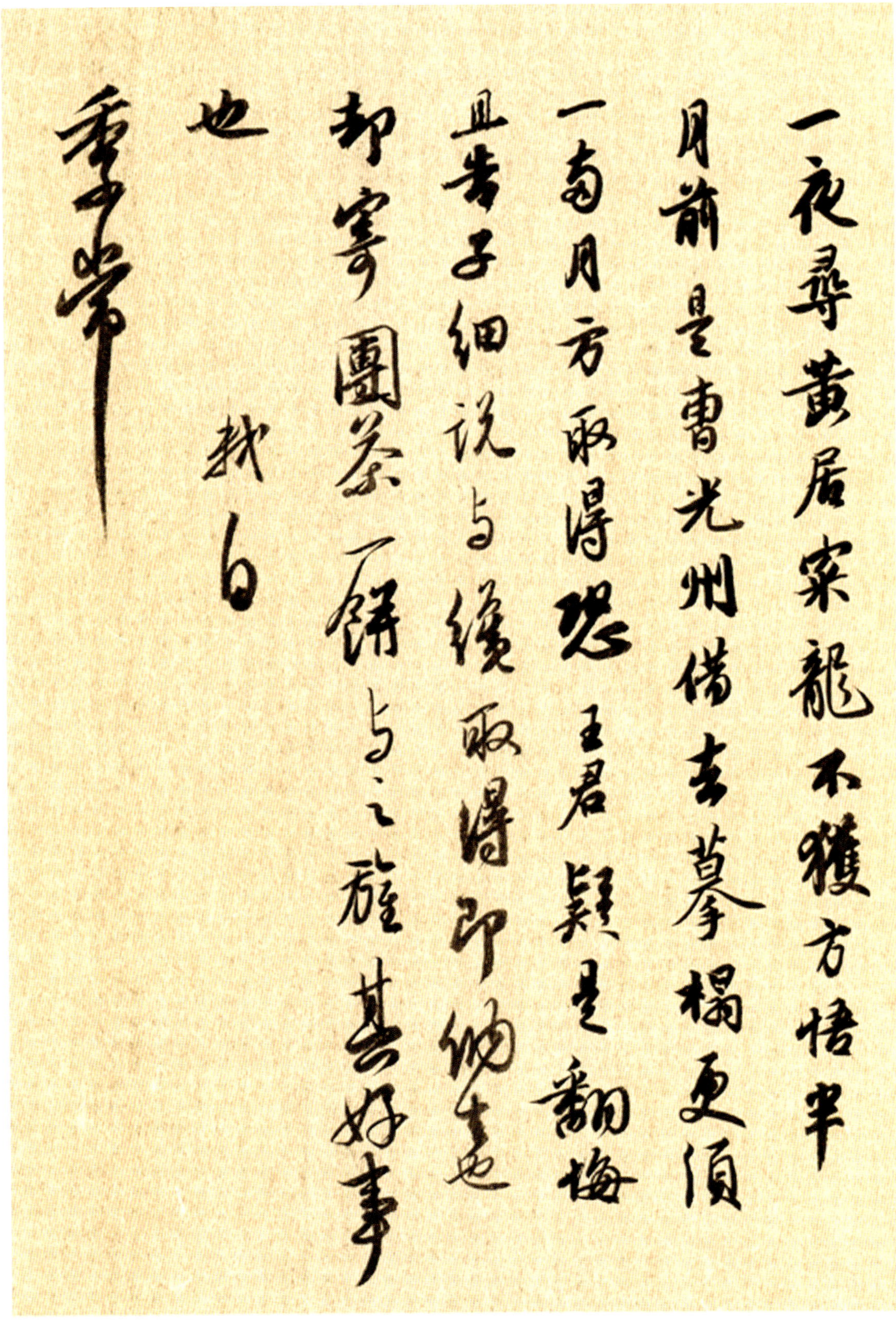

一夜尋黃居寀龍不獲方悟半

月前是曹光州借去摹榻更須

一兩月方了兩得恐王君嶷是翻梅

聖歊子細説与領取得澄印紙也

郤寄團茶一餅与之辄其好事

也　　軾白

季常

图 6-10 作者临苏轼给陈季常的信

模一样的话："一切有为法，如：梦、幻、泡、影，如电亦如露，应作如是观。"语出《金刚经》，金刚能断，何况我辈凡心。苏轼写得太绝情，叫人生恨！

　　他的书法作品少有这样的面目，但还是让我找到了《蒙恩帖》（见图6-11）上一点点当机立断的影子。请你细细体会，如果还没发现一点"雪泥残存"的"鸿爪"，不妨动动笔临摹一下。

图6-11《蒙恩帖》

　　"达则兼济天下，穷则独善其身"是儒家一贯秉持的处世之道。苏轼晚年因身陷新旧党争而被一贬再贬，甚至被新党刻上"党人碑"肆意践踏，也依然能够从容自在，这和北宋中期难得的"君子政治"不无关系。北宋中期，尤其是宋仁宗在位的四十年间，因为切实做到了敬天爱民、虚心纳谏，所以在政治、经济、文化上都取得了很大的成就。而苏轼就是在这个时代中度过了自己的童年和青少年，一大批先贤名臣成为他的偶像，指引他勇往直前。苏轼在《范文正公文集序》中曾说：

　　庆历三年，轼始总角入乡校，士有自京师来者，以鲁人石守道所作《庆历圣德诗》示乡先生。轼从旁窥观，则能诵习其辞，问先生以所颂十一人者何人也？先生曰："童子何用知之？"轼曰："此天人也耶，则不敢知；若亦人耳，何为其不可！"先生奇轼言，尽以告之，且曰："韩、范、富、欧阳，此四人者，人杰也。"时虽未尽了，则已私识之矣。

这是一个怎样的时代呢？这是一个出现了很多集文学家、艺术家、政治家、道德楷模于一体的顶级士人的时代，虽然新旧党争风波迭起，宫廷朝堂斗争不断，但是参与其中的士大夫们都还保留了"文人"本色。无论对朝政如何看待，无论在斗争中胜负如何，都能给对手同时也是给自己留一个抽身自保的机会。比如新党执政后，旧党领袖司马光和其重要的支持者欧阳修之间就有着这样一次对话，这封尺牍被后人称为《致端明侍读留台执事尺牍》（见图7-1）。

一、欧阳修《致端明侍读留台执事尺牍》

原文：修启，修以衰病余生，蒙上恩宽假，哀其恳至，俾遂归老。自杜门里巷，与世日踈，惟窃自念，幸得早从当世贤者之游，其于钦向德义，未始少忘于心耳。近张寺丞自洛来，出所惠书，其为感慰，何可胜言。因得仰谕起居，喜承宴处优闲，履况清福。春候暄和，更冀为时爱重，以副搢绅所以有望者，非独田亩垂尽之人区区也。不宣。修再拜端明侍读留台执事，三月初二日。

大意是：我对您说，我因为身体衰弱疾病缠身已经时日无多，承蒙皇上恩德宽纵，念我致仕之心恳切，于是才告老还乡。自从闭门居家，便和外界联系越来越少，只是私下里自己感念，幸亏早年追随当世贤达交往学习，才会对道德仁义倾心向往，从来没有在心里耳中忘却。前些日子张寺丞从洛阳来，送来了您惠赠的书籍，这带给我的安慰，怎能用言语表达。也因此获悉您的近况，为您

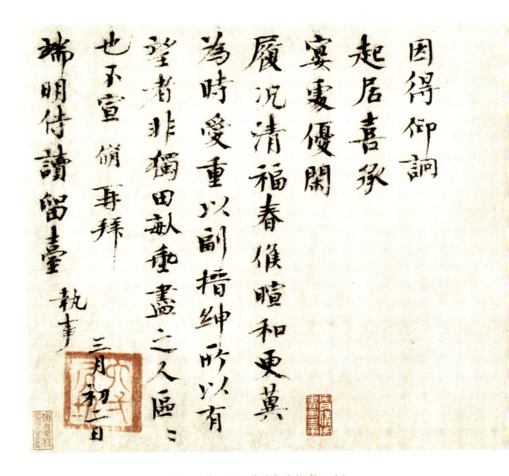

图 7-1《致端明侍读留台执事尺牍》

能够安居优游、生活清闲而感到高兴。春日渐暖，也希望您多多
保重，让天下读书人都可以放心，不只是区区在下这个行将就木的
老朽的愿望。不一一细说了。我向阁下一拜再拜，三月初二日。

　　政治失意，告老还乡的欧阳修，在致身处相同处境的司马光
的信中，没有任何激愤的批评，没有任何愤懑的不满，没有任何
不安的躲闪，反而追忆自己早年追随贤达交游学习的经历，庆幸
自己心中一直保有道德仁义。

俯戚俯以衰禍餘生蒙
上恩寬俟哀其懇至俾遂
歸老白杜門里巷与世日疎
惟竊自念幸得早從
當世賢者之遊其於欽嚮
德義未始以忘於心耳近張
寺丞自洛來出
所惠書其爲感慰何可勝言

　　道德仁义从来都是中华文明的基准，从某种角度来看，书法本身就是"礼"的生发。早在儒家产生之前，商周时期的礼器上，文字就开始走向普适的美。孔子说："志于道，据于德，依于仁，游于艺。"这是儒家的艺术功能论。"六艺"中，书占其一。理想结果是不露锋芒，不偏不倚。这样看，书法就是仁的外显，是德的形式，是道的载体。所以宋代儒家对书法的至高要求就是书以载道，这类似于"文以载道"。"载"不等于"是"，"书"只是个彰显"道"的工具，工具好用就用，不好用还可以换成另外五种，实在不行，士是可以把自己的生命当成工具的。因为"礼、乐、射、御、书、数"是"艺"，只是世俗游戏中博弈的筹码而已。在庄子看来，这六艺与解牛的技术没有分别。但士大夫们是不会以此为生的，手中的筹码不会被当成饭碗，"书"也绝不是安身立命之本。对心怀天下的士大夫们来说，书法实在太过渺小了。苏轼评论同僚文同的《文与可画墨竹屏风赞》中写道："与可之文，其德之糟粕。与可之诗，其文之毫末。诗不能尽溢，而为书，变而为画，皆诗之余。其诗与文，好者益寡。有好其德，如好其画者乎？悲夫！"苏东坡认为：道德的糟粕是文章，文章的毫末是诗歌，诗不能尽兴表达的情感才写字，字不合适才用笔画出来。足可见书法多么不重要。不重要不代表不需要，还记得屈原的《离骚》吗？"《离骚》之文，依《诗》取兴，引类譬谕，故善鸟、香草以配忠贞。"书法之于士大夫就是香草之于屈灵均。但君子要不偏不倚，对美好事物的分寸也要"发乎情，止乎礼"，否则就会坏事儿，比如宋徽宗。对于大宋的欧阳文忠公，书法也是同样的地位。欧阳修的一生是克制的，很多时候即使面对政敌他都不会怨恨。这不是欧阳修不懂得情感的表达，而是因为身居高位，理性与德行对他的捆绑和束缚。当然，今天我们看到的"束缚"，在欧阳修看来是身居庙堂的必修课。

这种束缚在书法的历史上叫作"崇古"，这就又回到老问题上了：古人究竟要不要学？在第二章中，作者已经从技术角度来发明和议论过"师古人"的利弊。抛却技术，"崇古"还可以从另一个角度影响书法，那就是做人，或者说是"人格""人品"。

从欧阳修《致端明侍读留台执事尺牍》来看，他的用笔特点鲜明且有着清晰的书法源流可考。比如："况"（见图7-2）字的两点水，竖弯钩的弧线与起笔。"清"字的三点水和"青"与"时"的竖画加重起到的支撑结构作用，以及"爱"字的捺都明确地提醒观者，欧阳修对颜真卿楷书风格的了解与实践。颜真卿作为著名的书法家的地位是在北宋时期确立的，但在宋初赵光义朝刻印的《淳化阁帖》中没有颜真卿的位置。在当时，颜真卿被人所熟知的是他的政治生活和道德成就。的确，作为颜氏家族的重要成员，颜真卿的确是士大夫们绝佳的崇拜典范。他出身世家大族，为人耿直刚正，进士及第还能带兵抗贼，最后被奸臣构陷，被叛军所杀。这样的身世，没有任何理由不被列入史册。大宋需要这样忠勇双全的"文臣"。更何况，他的书法师从张旭，还

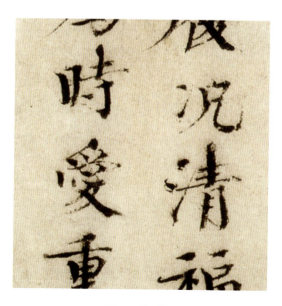

图7-2 "况"

最擅长中正的楷书。以欧阳修的理性和胸襟，不学颜真卿又会学哪一家？这样的评价和取舍标准在书法中叫作"人书俱重"。这样的作品整体呈现出的气息被后人称作"庙堂气"。这种气息集中的体现是与庙堂和祭祀有关的建筑或器物。比如青铜礼器上的铭文，或"庙"和"堂"上的匾额以及重要历史事件的石刻。石刻中最典型的当推唐代颜真卿所书《大唐中兴颂》一篇。《大唐中兴颂》单字长宽均接近 15 厘米，有兴趣的读者不妨买一本影印拓片尝试书写，下笔要有雄强气势和宽博气量。"礼器"天生的庙堂气息则来得更金贵一些，"钟鸣鼎食"用的只是实用器，而礼器一开始就注定拥有与众不同的身份特质。它们高高在上，供天子膜拜，供神鬼享用。图 7-3 是现藏山西省青铜

图 7-3 现藏山西省青铜博物馆的青铜盘中的铭文

博物馆的青铜盘中的铭文，现在可供观者细细研究。

精美的铭文当然是给人看的，但这还不够凸显礼器的与众不同。图 7-4 是现藏成都市博物馆的"何尊"，器身的兽面纹威严肃穆，摄人心魄。

欧阳修之所以能够有如此沉稳的心境，恐怕和当时宽松的环境以及士人普遍颇高的文化修养是分不开的。

能将政事和交游区分对待，是北宋士人最为可贵的一点。不要说司马光、欧阳修这样的同道中人，即便是司马光和王安石这样的政敌，也能在朝堂之外保持友好的交往。王安石去世之后，围绕对他如何盖棺论定产生了不小的争论，同样已经卧病在床、

图 7-4 现藏成都市博物馆的"何尊"

时日无多的司马光却修书一封，在宰相面前为王安石仗义执言，这就是著名的《与吕晦叔简》。

> 介甫文章节义，过人处甚多。但性不晓事，而喜遂非。致忠直疏远，谗佞辐辏，败坏百度，以至于此。今方矫其失，革其弊，不幸介甫谢世，反复之徒必诋毁百端。光意以谓朝廷宜优加厚礼，以振起浮薄之风。苟有所得，辄以上闻。不识晦叔以为如何？更不烦答以笔札，庭前力言，则全仗晦叔也。

司马光对王安石的评价不掩恶、不虚美，句句切中要害，如果平日二人只是意气之争而无倾心相交，是不会有此深刻洞见的。由此可见，以北宋文人为代表的中国传统文人之间的交游，多是一种抛开了世俗杂务，保留了趣味情操的君子之交，至于后人是否继承了这个优良传统，那就是另外的话题了。

智慧的人总会有智慧的办法解决理想与现实的差距，欧阳修是这样，范仲淹也是这样。

二、范仲淹行楷《师鲁帖》

《师鲁帖》（见图 7-5），又称《与尹师鲁札》，纸本，纵三十二点八厘米、横三十九点二，十一行一百字。现藏于台北"故宫博物院"。结合李勇先、王蓉贵校点的《范仲淹全集》，补足全文如下：

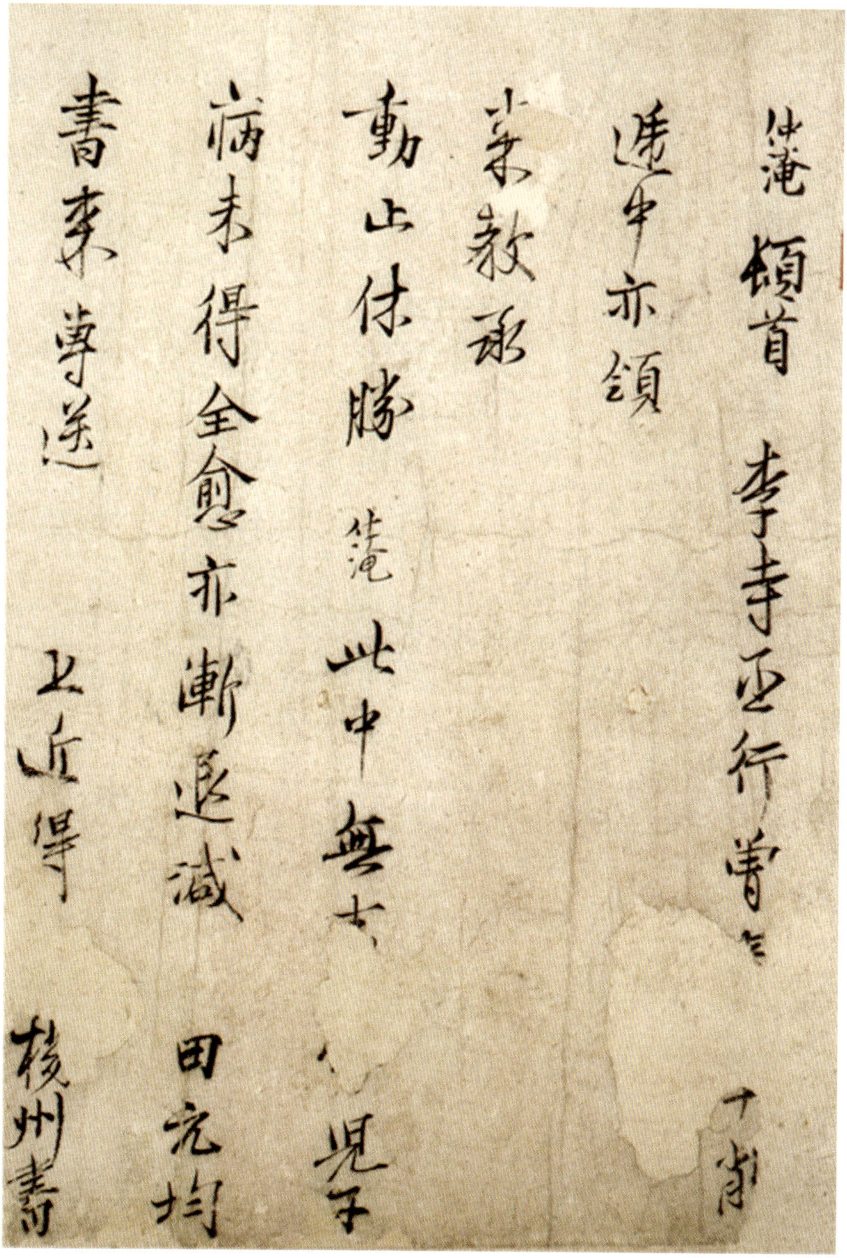

庵頓首 李寺丞行審……

透中亦領

荣教承

動止休勝 庵 此中無女……兒子

病未得全愈亦漸退减 田宅均

書來尊送 近得 杭州書

图 7-5《师鲁帖》

仲淹顿首：李寺丞行，曾奉手削，递中亦领来教，承动止休胜。某此中无事，但儿子病未得全愈，亦渐退减。田元均书来，专送上。近得扬州书，甚问师鲁，亦已报他贫且安也。暑中且得未动，亦佳。惟君子为能乐道，正在此日矣。加爱加爱！不宣。仲淹上师鲁舍人左右，四月二十七日。

《范仲淹全集》文下校注云："又见《铁网珊瑚》卷二，《古今法书苑》卷四一，《江村销夏录》卷一。"

尹洙（1001—1047），字师鲁，河南洛阳人，天圣二年进士，宋代文学家。据方健《范仲淹交游研究：以其书帖为例》一文考证，《师鲁帖》作于庆历六年（1046）四月二十七日，范仲淹自邓州（今河南邓州）贬所，寄给时任崇信军节度副使（治所在今湖北随州）的尹洙。范仲淹（989—1052），字希文，苏州吴县人，北宋杰出政治家、文学家、军事家、教育家，曾经率军有效抗击西夏，后官至参知政事。范仲淹称呼尹洙为"舍人"，是因为庆历四年八月，尹洙以起居舍人、直龙图阁、徙知潞州。虽然尹洙庆历五年七月自起居舍人贬崇信军节度副使，但由于古人对人尊称多用最高官职，故而范仲淹还是以"舍人"来称呼他。田元均即田况（1005—1063），字元均，祖籍京兆，信都人，北宋著名学者。文中"近得扬州书"中的"扬州"，指尹洙、范仲淹的好友韩琦。庆历五年三月，韩琦罢枢密副使，加资政殿学士，知扬州。文中的"李寺丞"，据尹洙《上邓州范资政启》："李丞者专来相过，时归于邓。某又与李俱出门下，若遂无尺纸以奉左右，则何以逃简慢之责？"可知李寺丞和尹洙都是范仲淹的门生。据龚延明《宋代官制辞典》，宋有所谓"九寺丞""七寺丞"之称，通常为正八品。九寺（太常、宗正、光禄、卫尉、司农、太仆、大理、鸿胪、太府寺）均置丞，总称九寺丞。九寺丞除太常寺、宗正寺外的其余寺丞合称"七寺丞"。寺丞，参领本寺事，为长贰助理。李寺丞当是先去随州拜访尹洙，然后到邓州拜见范仲淹。

试句解如下：

仲淹顿首。

该句为书仪格式中的具礼。以下为书仪中的本事。

李寺丞行，曾奉手削。

手削，简札、书信。削（xiāo），指曲刀、削刀，东周和秦汉时用来除去书写在木牍或竹简上的错字。手削，即指亲笔信。从上文可知，李寺丞拜访尹洙后，尹洙写了一封信托李寺丞带给范仲淹。"李寺丞行"当指李寺丞已经离开邓州。奉是敬辞，用于自己的举动涉及对方时，如奉告。"曾奉手削"是说你托李寺丞捎来的信我已收到。

递中亦领来教，承动止休胜。

递，指递铺。宋代在全国普遍设置递铺，除传递官方文书外还传递私人信件。北宋沈括《梦溪笔谈》卷十一说："驿传旧有三等，曰步递、马递、急脚递。"来教，对他人来信的敬称。动止，起居作息，谓日常生活，多用作书信中的问候语。休，吉庆，美善。胜，美好；美妙，由此可知尹洙除了让李寺丞捎信给范仲淹，还通过官方的邮递系统——递铺给范仲淹寄了信。另，关于宋代信札的格式，学者朱惠良在《宋代册页中之尺牍书法》中说，每列字数的长短不同，是一种对收信人表示恭敬的理解——"平缺式"。"平"即行文中提到受书人的称谓、涉及受书人的有关情况，或者以受书人为对象时，须另起一行，与前行平头；"缺"是遇到前述情况时，不另起行，而空一至两格再书。"平""缺"之外，还有"抬头"的规定，即提及帝后名称，不仅另起一行，还须高出他行一字。从该帖上看，"承"字后的"动止休胜"另起一行与前行平头，即是表示"动止休胜"是受信人即尹洙的有关情况。故此二句是说：你寄来的信我也收到了，得知你近况很好。

　　某此中无事，但儿子病未得全愈，亦渐退减。

此句意为：我在邓州状况还好，只是儿子的病尚没有痊愈，但也减退向好了。范仲淹四子三女。长子纯佑（1024—1063）、次子纯仁（1027—1101）、三子纯礼（1031—1106）、四子纯粹（1046—1117）。据富弼《范纯佑墓志铭》："后公（范仲淹）以谗罢知政事，君（范纯佑）亦逡巡于仕进间，从公之邓，暴得疾，昏不省事，废卧许昌。"可知"病未得全愈"的是长子纯佑。

田元均书来，专送上。

该句是说，我收到了田元均的信，我将派专人送给您。"专"指下派专人送信，与上文通过别人捎信（如李寺丞捎信给范仲淹）和专门递铺寄信的形式不同。当是田元均有信给尹洙，先至范仲淹处，再转送给尹洙，故范遣专人送至。也可推想送田元均书信时，也将此信一并送到。

近得扬州书，甚问师鲁，亦已报他贫且安也。

前文已述，"扬州"指尹洙、范仲淹的好友、主政扬州的韩琦。此句意为：最近我收到了韩琦的来信，信中他很关切你，我也回信告知你窘困而安然的境况。"贫且安"用了《论语·雍也》的典故。《论语·雍也》："贤哉回也！一箪食，一瓢饮，在陋巷。人不堪其忧，回也不改其乐。"称赞颜回安于清贫，以追求圣贤之道为乐。这里范仲淹将尹洙的处境和心境比之颜回，是对老友经历贬谪生计日蹙表示安慰，也是对其品性不移的赞美。

暑中且得未动，亦佳。惟君子为能乐道，正在此日矣。

该信写于四月二十七日，尹洙收到该信当为五月初，正值"暑中"。尹洙有目疾，暑热恐发旧疾。范仲淹给尹洙的《问医帖》说："目疾尤不可急切治，须渐渐退，急则伤之也。补药不可热，热则损目……或要出外勾当，亦足以就医。"另外一通书信中说："合得花蛇散，空心可日一服，甚有功。恐疑之，和方寄上。"可见对老友的殷切关爱之情。此信中"且得未动"当指尹洙身体康安，故云"亦佳"。"惟君子为能乐道"中的"乐道"指喜好圣贤之道。《史记·仲尼弟子列传》："子贡问曰：'富而无骄，贫而无谄，何如？'孔子曰：'可也；不如贫而乐道，富而好礼。'"与前文所引颜回的典故意思相近。"正在此日"大有深意，指范仲淹和尹洙都被贬谪，一在邓州，一在随州。就性情而言，尹洙更显得抑郁不得志。"正在此日"是安慰、鼓励尹洙要在逆境中坚守本心、乐道安贫。相信尹洙收到信后必当会心。

　　加爱加爱！不宣。仲淹上师鲁舍人左右，四月二十七日。

　　"加爱加爱"为祝颂语。"不宣"为结束语。"仲淹上"为署押。"师鲁舍人左右"为题称。"四月二十七日"为写信日期。
　　以上是对信件内容的简要解析。下面谈一谈这封信的写作背景。
　　尹洙被贬谪和庆历三年、四年的修建水洛城事件有关。宋代的水洛城在今甘肃省平凉市庄浪县域内。北宋时是渭州与秦州的联络点，战略地位较为重要。时任陕西四路都部署的郑戬建议朝廷修建水洛城。朝廷听从了郑戬的意见，让在边地声望颇高的边将刘沪主持这项工作。此时尹洙为右司谏、知渭州兼管勾泾原路安抚都部署司事，是刘沪的顶头上司。他认为在兵少城多的情况下增修城寨，会分散兵力，更不足以抗敌。同时，在朝廷中韩琦等建议罢修水洛城，同时罢免郑戬陕西四路招讨使之职。已经解职的郑戬命令刘沪、董士廉继续加紧施工。性情激烈的尹洙采取过激行动，与狄青合力将刘沪、董士廉拘械入狱，以强力惩处二人，激起朝廷震动，赞同者与反对者激烈争辩的结果是，释放刘沪、董士廉，并命令他们完成城寨的修建工作，并将尹洙徙知庆州。

这次被贬谪的余波导致了尹洙晚年的不幸。在水洛城事件中被尹洙拘械下狱的董士廉怀恨在心，于庆历五年三月诣阙讼尹洙，主要罪状是尹洙侵欺官钱，指责尹洙贪污侵占公款。"将官钱数百贯入己使用，并借官钱与官员还债，并支出军资库钱。"（见尹洙《河南先生文集》卷22《奉诏分析董士廉奏臣不公事状》）实际上，从军资库中支借钱银的做法只是沿袭惯例，泾州郑戬、庆州滕宗谅都曾以公使钱回易货物，以赚取的利息来补贴开支。韩琦在《尹公墓表》中说："有部将孙用者，出于军校，尝自京取民息钱，至官贫不能偿，公（尹洙）与狄公（狄青）惜其材，乃分假公使钱俾偿其民，而月取其俸偿于官。逮按问，而钱已先输官矣。坐此贬公崇信军节度副使。"尹洙借用公使钱替他人偿还债务，虽有不当之处，但其爱才之心值得尊敬。郑戬、董士廉借细过打击对手，致尹洙死于贬所，令人唏嘘。

庆历三年（1043）八月，宋仁宗为改变积贫积弱局面，提拔范仲淹为参知政事，并主持庆历新政。范仲淹与富弼、韩琦等人殚精竭虑，提出明黜陟、抑侥幸、精贡举、择官长、均公田等十大举措，在政治、经济、文化、教育、法制等各个领域进行改革。然而，由于保守派势力强大，改革触犯了官僚集团利益。反对派中夏竦等人使出小人伎俩，动摇仁宗的改革决心，最终在庆历五年初将范仲淹、韩琦、富弼、欧阳修等人逐出朝廷，为期一年四个月的新政最终以失败告终。庆历五年正月，范仲淹罢参知政事，以资政殿学士出知邠州。十一月，以给事中改知邓州。

据《续资治通鉴长编》卷四七："（庆历五年）三月，杜衍、范仲淹、富弼既罢，……而董士廉又诣阙讼水洛城事，辅臣多主之。琦不自安，恳求补外。辛酉，琦罢枢密副使，加资政殿学士，知扬州。"可知范仲淹、富弼遭贬责之后，反对派抓住水洛城事件不放，意在扳倒反对修建水洛城的韩琦。韩琦感到孤立无援，自求外放，在庆历五年三月，外放到扬州。《师鲁帖》中"近得扬州书，甚问师鲁"，可以想见被贬谪到扬州的韩琦对有同样遭遇的尹洙的同情、勉励之情。

南宋尤袤（1127—1194）曾跋范仲淹致尹洙二札云："此一卷帖，情义谆谆，不啻兄弟，盖二公爱君忧国，道合志同，其相与之厚，自应尔尔。"（此跋见明·赵琦美编《铁网珊瑚》卷二，《文渊阁四库全书》本）。从这封书信看，范仲淹对比自己年轻13岁的尹洙如同兄长、老师和朋友。他们为了共同理想相互扶持，演绎了一场师友佳话。

《师鲁帖》的作者范仲淹在为人传诵的名作《岳阳楼记》中，

"先天下之忧而忧，后天下之乐而乐"的名言震烁千古，激励着后世志士仁人关怀民瘼、心忧天下。他主导的庆历新政为改革北宋前期的弊政有一定作用，成为王安石变法的先导。

范仲淹的幼年非常不幸。两岁时父亲范墉病逝，五岁时生活无依的母亲改嫁淄州长山朱氏。少年范仲淹学习非常刻苦，宋魏泰《东轩笔录》记载有范仲淹每天早晚仅以一点稀饭粥和腌菜为食，生活的艰辛和求学的刻苦，磨砺、培养了他博大的胸襟、开阔的视野、坚忍不拔的意志和民胞物与的情怀。

范仲淹不仅是政治家、文学家，更是出色的军事家。康定元年（1040），西夏大举侵宋，任职于越州的范仲淹被紧急调往西北前线。他实施积极防御战略，很快稳定了军心，扭转了战局。西夏人称："小范老子腹中自有数万甲兵。"为国分忧的范仲淹其名作《渔家傲·秋思》词中表达了对戍边将士的关心。

范仲淹先后出任睦州、苏州、饶州、润州、越州等 12 个州的知州。在地方任上，他将百姓的苦乐视为自己的苦乐，以其高超的治理手段造福一方。比如范仲淹在苏州任上，正值洪水泛滥，他招募无业游民疏通五河，引导太湖水入海，很快消除水患，避免了更大损失。在杭州任上遭遇饥荒，他号召百姓出游竞渡，修建官廨仓舍，提倡寺庙大兴土木，这种以工代赈的救灾方式让饥民有事可做，免于流离失所，实现了社会稳定。

范仲淹重视教育，主持庆历新政时，便促成仁宗诏令天下州县皆立学。他先后在睦州、苏州、饶州、润州、邠州、邓州等地修建学舍，兴办教育，培养人才。如他贬官邓州时修建花洲书院，公余之暇亲到书院讲学。北宋理学创始人之一的张载，元祐时的邓州知州韩维等，都在花洲书院跟随范仲淹学习过。任职苏州时，他将准备作为私家住宅的南园捐献出来，营建成一所学校，并延请著名学者胡瑗为苏州府学教授，为当地培养了大批人才。今天，苏州中学就建于近千年的府学遗址之上。

范仲淹幼年丧父，母亲改嫁朱氏，范仲淹也改名朱说。范仲淹29岁时来到苏州，要求"归宗复姓"，族人担心范仲淹复姓之后会争夺祖产，故加以阻挠。当范仲淹表明不会觊觎祖产后，才获得族人的同意。在其晚年，范仲淹以德报怨，于故乡创设义庄，以周济宗族中的贫困者。他捐献毕生大部分的积蓄，在苏州购置良田千余亩，设立义庄，并亲自为义庄订立规矩。义庄对所有的族人都予以经济帮助，其中婚姻、丧葬、孤寡等，还可以得到特殊的资助。范仲淹兴置的以周济宗族为目的的义庄，实际上是有组织、成规模的慈善机构。范氏义庄虽历经曲折，但一直延续到近代，长达九百年余年。

由上文的简要介绍中，我们了解到范仲淹不仅具备政治才能、军事才能，在庙堂能为国分忧，同时，也具备高超的治理水平，在地方能造福一方。同时，他心系教育、关怀民瘼、重视亲族，无论执政为官还是结交师友，都真心实意，真诚付出，令后辈无限敬仰。

范仲淹在《严先生祠堂记》中用"云山苍苍，江水泱泱，先生之风，山高水长"来表达对东汉著名隐士严子陵的赞美与敬仰之情，这四句话也恰好表达了后人对范仲淹的敬慕之情。

　　元世祖至元二十三年十一月，行台治书侍御史程钜夫奉皇帝忽必烈之命，到江南搜访遗贤，一共觅得贤才二十余人。为首的是一个刚过而立之年的年轻人，名叫赵孟頫。程钜夫非常看重这个年轻人，单独安排他入宫觐见忽必烈。世祖皇帝见赵孟頫才气豪迈，神采焕发，如同神仙中人，非常高兴，竟然让他坐于右丞叶李之上，荣宠之意毫不遮掩。就在所有人都觉得这个年轻人马上就要飞黄腾达的时候，御史中丞却反对授予赵孟頫高位实权，而且理由无法辩驳——赵孟頫是前朝皇族之后！

　　原来赵孟頫是宋太祖之子秦王赵德芳之后，其五世祖赵子俪还是宋孝宗的生父，曾祖父、祖父、父亲都是南宋朝廷的高官，他自己十四岁时也受荫封为真州司户参军。如果不是在他二十六岁时南宋灭亡，赵孟頫应该也会顺利成为南宋朝廷的高官显贵。这个身份的确给赏识他的元朝皇帝，同时也给才华横溢的赵孟頫自己出了一个巨大的难题——对元朝皇帝来说，用不用他都为难；对赵孟頫来说，出不出仕都麻烦。因此，在赵孟頫之后的人生中，总是不断上演"皇帝想重用,朝臣总反对,自己很纠结,别人给白眼"的戏码。

《元史·列传第五十九》中记载了这样一个故事:

> 帝(元仁宗)眷之甚厚,以字呼之而不名。帝尝与侍臣论文学之士,以孟頫比唐李白、宋苏子瞻。又尝称孟頫操履纯正,博学多闻,书画绝伦,旁通佛、老之旨,皆人所不及。有不悦者间之,帝初若不闻者。又有上书言国史所载,不宜使孟頫与闻者,帝乃曰:"赵子昂,世祖皇帝所简拔,朕特优以礼貌,置于馆阁,典司述作,传之后世,此属呶呶何也!"俄赐钞五百锭,谓侍臣曰:"中书每称国用不足,必持而不与,其以普庆寺别贮钞给之。"孟頫尝累月不至宫中,帝以问左右,皆谓其年老畏寒,敕御府赐貂鼠裘。

皇帝的赏识甚至崇拜之情溢于言表,但想要接济一下他还得动用自己的小金库,可见赵孟頫在大元政坛上的极度尴尬。更可悲的是,赵孟頫自己也始终没有走出身为"贰臣"的羞愧,临终之年依然写下了一首《自警》:"齿豁头童六十三,一生事事总堪惭。唯馀笔砚情犹在,留与人间作笑谈。"然而在他身后,就连这颇为自信的"笔砚"也饱受诟病,明末清初的大书法家傅山就曾说过:"予极不喜赵子昂,薄其人遂恶其书,痛恶其书浅俗如无骨。"

在朝堂和儒林都难以安然自处的赵孟頫,幸亏还有一个幸福的家庭可以安放自己的心灵。他的夫人管道昇不仅十分贤德,更是一位在诗词、绘画、书法等领域都极有建树的艺术家,世称"管夫人"。因此在赵孟頫的世界中，管道昇不仅是妻子，更是自己在艺术上的知己。管夫人的一首《我侬词》淋漓尽致地写出了二人炽烈情感——

你侬我侬，忒煞情多；

情多处，热似火。

把一块泥，捻一个你，塑一个我。

将咱两个一齐打破，用水调和；

再捻一个你，再塑一个我。

我泥中有你，你泥中有我；

我与你，生同一个衾，死同一个椁。

而署名管道昇，实为赵孟頫尺牍作品的《深秋帖》（见图8-1），也是二人神仙眷侣生活的一个真实写照。

原文：道昇跪覆婶婶夫人妆前：道昇久不奉字，不胜驰想，秋深渐寒，计惟淑履请安。近尊堂太夫人与令侄吉师父，皆在此一再相会，想婶婶亦已知之。兹有蜜果四盏，糖霜饼四包，郎君鲞廿尾，烛百条拜纳，聊见微意，辱略物领，诚感当何如。未会晤间，冀对时珍爱，官人不别作书，附此致意。三总管想即日安胜，郎娘悉佳。不宣。九月廿日，（子昂）道昇跪复。

大意：侄女道昇跪拜回复婶娘大人：侄女我很久没有接到您的来信，禁不住对您的想念，深秋逐渐寒冷，想来还是要向您请安。近来您的母亲大人和您的侄子吉师，都在这里一再聚会，想来您已经知道了。这次准备了四盒蜜果，四包糖霜饼，二十条郎君鲞，一百根蜡烛，略表我们的心意，希望您不要嫌弃收下它们，我们也就非常开心了。因为不能见面，所以希望您保重身体，子昂就不另外写信了，借此向您致意。想来三总管现在应该安好，儿子、儿媳也都好。就写到这里吧。九月二十日，（子昂）道昇跪拜回复。

这篇落款"道昇"的尺牍名作从内容上看似乎确为管道昇所作，但从书法上来看，其用笔习惯符合赵孟頫本人习惯，是赵孟頫的手笔。落款涂抹、修改的情况也佐证了这种猜想：赵孟頫代夫人回复家信，而他信笔写来一时忘情，竟然署了自己的名字；又因

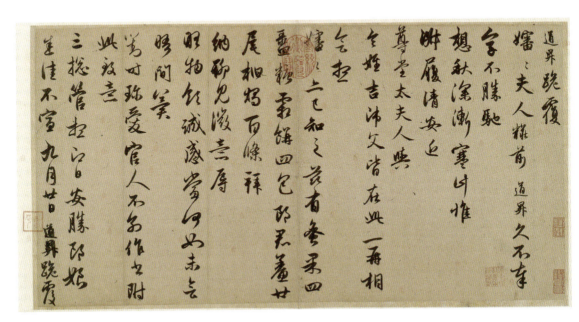

图 8-1 赵孟頫《深秋帖》

为写得太漂亮了，不舍得毁弃，便在名字上略作涂改，将自己的字"子昂"修改为妻子的名字"道昇"。

整篇尺牍书写从容流利，笔法中锋侧锋互换轻便得宜，是赵氏的一贯书风。赵孟頫书法最大的特点就是中锋侧锋兼用，而且侧锋用得不显山不露水，导致后学们用习惯的中锋用笔思维去理解和体察时，既蹩脚又顺当。赵孟頫在其为自己所绘的《秀石疏林图》中题写道："石如飞白木如籀，写竹还需八法通。若也有人能会此，须知书画本来同。"

"飞白"：笔中缺少水分书写出的线条干涩，后来又有一种书体"飞白书"，据说唐朝的武则天就擅长这种书体。

"籀"：先秦文字的一种，与秦小篆略有差异。这种字体线条自然古朴。

"八法"：永字八法，这里代指书法。

"本来同"：中国文字的"文"指的是象形字，文者"纹"也，既包括天文也包括水文，还有人文。中国文字的创始就是"象天法地"的创立。"象"和"法"的意义大概是"观察概括"和"以此为规律而衍生"。天地是指天地人文。绘画是人对天地人文的认识的形象反映，而文字则是更抽象的反映。既然是人对天地人文的反映，书画同源的基础逻辑就是可以成立的。但这里书画同源的意思并不是赵孟頫所说的书画同源。赵指的是书法、绘画笔法的同源和在书法与绘画笔法同源的基础之上形成的书理和画理的同源。在这里只做简单说明。书理，是书写的一般规律。比如自然书写时出现的疏密和轻重变化，是基于书写中笔墨与手腕生理和字本身的结构特点共同作用下形成的规律和方法。画理是绘画过程中，笔墨、手腕和描绘对象的特点共同形成的绘画规律和方法。这当然有相通之处。不过，很多书法的爱好者会将书写的笔法与绘画的笔法直接对等，认为赵孟頫所说的"本来同"就是笔法上的同，这种认识是十分错误的。绘画要中锋侧锋并用，且因为绘画表现对象的丰富特点不得不夸大中锋与侧锋的区别。这里不妨用赵孟頫的作品来说明。

图8-2"致"字，红色箭头所指位置就是赵孟頫行笔中的侧锋翻折（非使转）造成的外轮廓折线。这样的用笔不仅仅是个例，在这幅尺牍以及赵的其他作品中比比皆是。

在使转时赵孟頫通常会暗地里做些小手脚来模拟或弥补手法的不足，他在使转中延长了毛笔移动的长度，从而降低了使转的难度，对比王羲之或怀素的局部，这样的简单化不难分辨。这是一种用换锋替换使转的伎俩，也是书法史退步的典型范例，这样的情况还不仅仅出现在赵孟頫的行书作品中，

图8-2"致"

在他的楷书代表作品《胆巴碑》（见图 8-3）中也比比皆是。除了转折和使转的弱化，侧锋的运用更是到了肆无忌惮的程度。

说回《深秋帖》，我们欣赏书法还有另一种角度，从文字的内容来体会和探索当时的情景。以帖中提到的鱼鲞为例。在《东京梦华录》中就有关于北宋的京城里鱼鲞的食用和售卖情况。鱼鲞就是鱼干，有咸口（晾晒时用盐

图 8-3《胆巴碑》

多）和淡口（用盐稍少），用不同的鱼制作的鱼鲞，也有不同的叫法。总体看来，这种咸味的鱼干是当时底层劳动人民的下饭菜，用油煎过或用蒸笼蒸好，配主食，在北宋成为常见菜式。最好的鱼鲞是黄鱼鲞，今天已经很难见到野生黄鱼了，我用人工饲养的黄鱼鲞尝试还原了北宋和元代可能的吃法。先将鲜笋切片，咸肉切片用蜂蜜蒸熟。鱼鲞切块水浸泡半日使其软嫩，去鳞。动物油润滑锅底，小火煎咸肉和鱼鲞至两面金黄，出锅，锅中底油继续煎切薄的笋片至边缘金黄，再次下入煎好的鱼鲞和咸肉，花雕一小盅，葱花少许，候干出锅摆盘（见图 8-4）。鱼鲞口感干柴，用动物油脂和咸肉的油脂可以弥补鱼鲞的缺点。花雕可以中和三种食材的

图 8-4 煎鲞

味道，增加厚度和香气，葱花去腥增香。成品咸鲜微甜，回味无穷，和米饭类主食搭配颇有味道。鱼鲞还有另一种做法，就是用它代替红烧肉时使用的盐。做法如下：带皮猪五花切四厘米见方，入锅煎四面金黄备用。泡水鱼鲞去鳞，煎至金黄备用。锅中水油适量，冰糖水油煎至棕红色，放入猪五花肉块，入老抽，冰糖，绍兴黄酒 600 克，入鱼鲞，姜一片。小火慢炖至汤汁黏稠。盛出入瓦罐，盖盖，入蒸锅隔水蒸两小时或更久。

赵孟頫、管道昇夫妻二人的琴瑟和谐和艺术成就都经受了时间的考验，连前面所说"薄其人"的傅山也曾在诗作《秉烛》中酸溜溜地感叹——

秉烛起长叹，其人想断肠。

赵厮真足奇，管婢亦非常。

醉起酒犹酒，老来狂更狂。

斫轮馀一笔，何处发文章？

夫人管道昇对于赵孟頫来说，不仅是生活上的伴侣、艺术上的知音，甚至还是信仰上的同道。也许因为政治上的不得志，也许因为当时崇佛的风气使然，赵孟頫和元代著名禅宗高僧明本过从甚密，赵对其执弟子礼。

明本俗姓孙，法号智觉，钱塘新城人，西天目山中峰狮子院住持，因得号"中峰和尚"。明本从小喜欢佛事，稍通文墨就诵经不止，常伴灯诵经到深夜。二十四岁赴天目山，受道于禅宗寺，白天劳作，夜晚孜孜不倦诵经学道，遂成高僧。元仁宗曾赐号"广慧禅师"，并在其圆寂后赐谥"普应国师"。赵孟頫和明本通信频繁，保留至今的尺牍就多达二十札，后人统称为《致中峰和尚尺牍》，图 8-5 就是其中一札。

　　中峰和上吾师侍者，孟頫和南谨封。孟頫和南拜覆。中峰和上吾师侍者，孟頫归自吴门，得所惠字，审道体安隐，深慰下情。示谕陈公墓志，即如来命，写付月师矣。送至润笔，亦已祗领。外蒙诲以法语，尤见爱念，即与老妻同看，唯有顶戴而已。此番杖锡，恐可还山中，瞻望白毫，不胜翘想。不宣。弟子赵孟頫和南拜覆。月师云，吾师近到弊舍，而弟子偶过吴门，不得一见，不胜怅然。

　　大意：中峰和上我的老师，孟頫稽首顶礼恭敬地封好这封信。孟頫稽首顶礼恭敬地回信。中峰和上我的老师，孟頫从苏州回来，收到了您的信件，得知您身体健康，使我深感安慰。您交托的陈公墓志，已经按照您的吩咐，写好交给月师了。送来的润笔，也已经收到。此外承蒙您教诲我们的佛法之言，尤其能看出对我们的爱惜和惦念，已经和老妻一起敬阅，只能顶礼膜拜了。您这次杖锡云游，恐怕要回到山中了，我们只想早日瞻仰白毫法相，翘首期盼的思念之情难以自禁。不一一细说了。弟子赵孟頫稽首顶礼恭敬地回信。月师说，您近来到过我家，而弟子我却不巧去了苏州，不能相见，惆怅之情难以自禁。

　　尺牍中赵孟頫对中峰和尚的严谨恭敬比比皆是，但给人的感觉又非战战兢兢、如履薄冰，尤其是中峰和尚托赵孟頫为人写墓志铭也依俗例给予润笔，透着可爱的市井烟火气，和前面恭敬执礼的谨慎小心两相对比，更是妙趣横生，充分说明这师徒二人都不是矫揉造作、自命清高之人。说完"生意"，话锋一转而至佛法，特别感谢师父对自己传法教诲，并特意强调"与老妻共看"，严肃的话题中再次透出轻快的笔调，尤其一个"老妻"，将夫妇二人白头偕老的幸福表达得淋漓尽致，仿佛让我们看到二人共修佛法、共悟禅机的清净画面。尺牍结尾盼望和中峰和尚再见的殷切之情，以及偶然错过绝妙见面机会的遗憾之情，都令人感到无比真实。

赵孟頫、管道昇夫妇的艺术造诣也深深地影响了他们的孩子，尤其是次子赵雍。他也是一位著名的书画家。在杨载为赵孟頫所作的《大元故翰林学士承旨荣禄大夫知制诰兼修国史赵公行状》中就曾记载——

夫人，公同里人也，讳道昇，字仲姬，有才略，聪明过人，亦能书，为词章，作墨竹，笔意清绝。仁宗尝取其书，合公及子雍书，善装为卷轴，识之御宝，藏之秘书监，曰："使后世知我朝有一家夫妇父子皆善书，亦奇事也。"

赵孟頫一家真可与东汉"三班"，汉末"三曹"，北宋"三苏"并列于中国文化的璀璨星空，而这一切恐怕都是至真亲情所创造的奇迹！

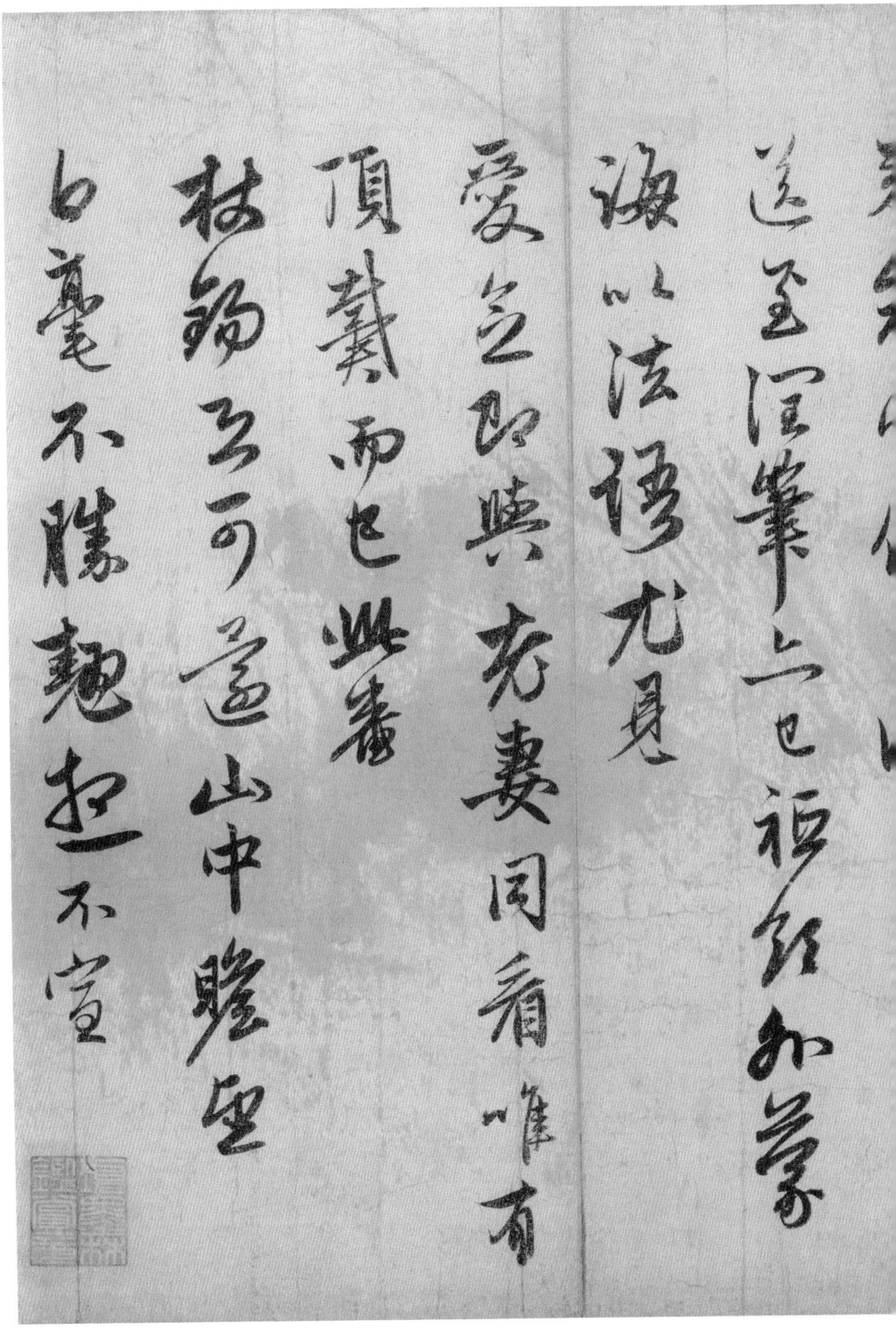

送至泾笔二色复托如蒙

海以法语尤妙

爱气以兴充妻同看唯有

顶戴而已必番

枕顶云可遥山中瞻望

白毫不胜翘起不宣

图8-5《致中峰和尚尺牍》（局部）

中峰和上吾师 侍者 盂顺和南 谨封

中峰和上吾师 侍者 盂顺 归自呈

门涛

盂顺 和南拜覆

而至子審

道體安恒深至六情

　　文徵明存世尺牍书法以行草书为主，原因之一是尺牍主要为书家书信往来，而行草书书写较为简便。现存小楷尺牍数量极少，这与小楷书写速度相对较慢有直接关系。《致吴愈尺牍》共十通，均系文徵明写给其外舅父吴愈的函札，或许是对方为自己长辈的缘故，十通有八通为小楷尺牍，这是我们学习小楷尺牍的宝贵资源。本文选取其一《自王英去后帖》为例，展开论述。

　　文徵明（1470—1559），原名壁，字徵明，号衡山居士，长州人，明代著名书法家、画家、文学家。其可谓大器晚成的典范，诗文书画俱佳，在绘画史上与沈周、唐寅、仇英合称"明四家"，在诗文方面与祝允明、唐寅、徐祯卿并称"吴中四才子"。书法史上为明代主要书法流派"吴门书派"的领袖人物。文徵明先后拜沈周、李应祯、吴宽等人为师，后博众家之长，终在书法史上以兼善诸体闻名，尤擅长行书和小楷。王世贞《艺苑卮言》评论其曰："待诏（文徵明）以小楷名海内，其所沾沾者隶耳，独篆不轻为人下，然亦自入能品。所书《千字文》四体，楷法绝精工，有《黄庭》《遗教》笔意，行体苍润，可称玉版《圣教》，隶亦妙得《受禅》三昧，篆书斤斤阳冰门风，而楷有小法，可宝也。"据《石渠宝笈》记载："先待诏书札流传天下，即尺幅片纸，人皆珍为家宝。"可见其书画作品在江南，乃至全国范围得到广泛认可与青睐，这在其尺牍书法中有着最为生动的体现。

在传统帖学史中，尺牍书法是一个相当重要的门类，存世最早的刻帖——北宋《淳化阁帖》中收录的二王法书，内容大部分即尺牍。唐孙过庭《书谱》评王羲之："右军位重才高，调清词雅，声尘未泯，翰牍仍存。观夫致一书、陈一事，造次之际，稽古斯在。"这种对于尺牍的讲究，有明一代，衡山先生庶几近之。其友人黄佐曾称其"或答人简札，少不当意，必再三易之不厌"；其子文嘉亦称其："或有得其书画，不翅拱璧，虽尺牍亦藏弆为荣。"尺牍书法作为私人通信恰能展示书法家的真实水准，具有其他类别的历史文献难以企及的具体性、真实性。无论交流思想、抒发感情，还是表达问候、传递讯息，或记事或陈情，或明理或谈艺，都可通过尺牍来传达。社会和个人的方方面面，几乎都可以通过尺牍来传递。明代尺牍在中国书法史上具有重要的地位和历史价值，它不仅拥有独特的艺术表现力，还具备鲜明的时代特色。明代初期，明王朝为巩固封建专制统治，在思想文化上施行了一系列的钳制文人士大夫的政策，推行程朱理学，以八股文取士，束缚了文人的艺术创造精神，使其大多为了迎合帝王的喜好，逐渐形成台阁体，明初的官文尺牍就是一个比较突出的现象。明代中期之后，书法慢慢摆脱了台阁体的统治，走上了自由发展的道路。文人书法流派持续发展，形成了尺牍竞胜的局面，而吴门书家的尺牍书法艺术则成为这一时期的典型代表。

文徵明善作诗文，且书画俱佳，因此结交甚广，故传世尺牍书法作品颇多，以行草书居多。现存尺牍墨迹大致以学《怀仁圣教》至赵孟頫行书为主，行草书尺牍多表现清雅纯正的艺术风格，偶见肆意洒脱之风。文徵明小楷法度严谨，字势端正，于端庄中透出一股雅致，现存小楷尺牍多为清雅秀丽、温纯精绝之风。

《致吴愈尺牍》，现存十札，据方家考证，为文徵明35岁至55岁间所书。吴愈乃文徵明外舅父，授南京刑部主事，官至河南右参政。此十札册，书心纵二十三厘米，现藏于故宫博物院。册后有王稺登、张凤翼等众多名人题跋。其中为人熟知的小楷尺牍有《自王英去后帖》（见图9-1）。此帖内容是"自王英去后"，文氏的身心皆不适，提到"金秋应试""恐又是虚名"。而"次月二十八日寅时生一男子"，由此"慰目前失女之悲"。最后又提及一些交际琐事。此帖清雅秀丽，整篇字势右上微斜，结字严整精密，用笔清劲干净。前半部分严谨工整，第七行开始，逐渐放松，或许是作者写道"次月二十八日寅时生一男子"时，愁闷之情逐渐被这一喜事驱散，随即流露在纸张上的是肆意洒脱之笔，行书笔意的连带牵丝增多，更显灵动自然。通篇横画波折起伏明显，顿笔突出，转折方笔多于圆笔，棱角分明。竖画劲挺刚健，捺画顿笔明确，粗细对比分明。此帖足以见尺牍书法流露书者真性情这一本质。

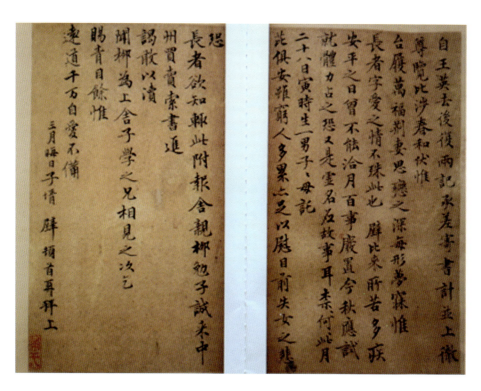

图 9-1《自王英去后帖》

　　自王英去后，复两记。承差寄书，计并上彻尊览。比涉春和，伏惟台履万福。荆妻思恋之深，每形梦寐，惟长者字爱之情，不殊此也。璧比来所苦多疾，安平之日曾不能浃月，百事废置。今秋应试，就体力占之，恐又是虚名，应故事耳，奈何！此月二十八日寅时，生一男子，子母托芘俱安，虽穷人多累，亦足以慰目前。失女之悲，恐长者欲知，辄此附报。舍亲柳勉子诚来中州买卖，索书进谒，敢以渎闻。柳为上舍，子学之，兄相见之次，乞赐青目。余惟远道，千万自爱，不备。三月晦日，子墦璧，顿首再拜上。

作者临写尺牍《自王英去后帖》过程中的一些思考，作如下陈述。

由于课题研究初次书写此帖，通临一遍下来，深觉陌生。相信很多书法学习者初识一本字帖时也是如此。写完与帖对照，自觉不尽人意，失落之余还是有一点点灵感，由于作者常写赵孟頫小楷。赵孟頫《汲黯传》据考证有数行为文徵明补写，虽流露峭利本色，然亦有意追仿赵孟頫笔意。于是，又临写第二遍，这次完全不同于上次，对有些字的形态颇有想法，并且惊喜于此帖的清雅之美。这貌似和与人结识有相似之处，初见时无感，再见时会留意此人的主要特征，下次再见便可一眼认出。以下就"是""慰""子"逐一说明。

"是"（见图9-2）：第六行第八字，上半部分的窄与下半部分的宽形成鲜明对比。第一笔竖与横折的折伸长，转折棱角毕露，长横的斜势夸张，凸显了上部分的瘦长。下面竖与上面横折的折对齐，撇与捺舒展开阔，更加彰显下半部分宽阔。宽窄之间，斜倚呼应，看似很险却恰到好处。

"慰"（见图9-3）：第八行第十二字，上下结构的字处理接近半包围结构，这在其他字帖中也是常见的。撇画夸张舒展开，三个短横斜势突出，"寸"的竖钩挺拔峭利摆正字势。"尉"短小笔画较多，且中心偏左，所以"心"的一、二笔相连，三、四笔相连，中心偏右，增强其完整性，整个字重心中正。

"子"（见图9-4）：此帖共出现四次，各不相同，又有共通之处，长横露锋起笔，纤细为主，一波三折起伏明显，顿笔突出，

图9-2 "是"

图9-3 "慰"

图9-4 "子"

弯钩极具隶书笔意，增添朴拙之感。

就上述几个字单独临摹之后增添了些许信心，因此查找除单字之外，字与字之间的对比，发现大小、宽窄、粗细对比都有较鲜明的对比。如果说平正均匀是美，那么冲突对比意境更佳。各举一组为例，此方法亦可用于临摹任何碑帖。

大小对比：第六行"体力"（见图9-5）二字大小对比鲜明，"力"只有"体"的差不多四分之一大小。单独分析差异较大，融入整篇，增添生动活泼之感。

宽窄对比：第六行"此月"（见图9-6）二字，宽窄反差巨大，本身"此"字为宽，"月"字为窄，在这一组各自夸大其特点，颇有意趣。

粗细对比：第三行"思恋"（见图9-7）二字粗细对比明显，第一字笔画少下笔粗重，结字紧凑，第二字笔画甚多，用笔轻盈流动，均纤细挺拔，结字舒朗开阔。冲突明显，实乃妙哉。

类似这样的对比字组在此帖中还有很多，这种方法也可以推广至多个字的字组进行分析。比如"就体力占之"与"虽穷人多

图9-5 "体力"

图9-6 "此月"

图9-7 "思恋"

累"等。"就体力占之"
（见图9-8）：五个字起
笔以细笔为主，组成宽窄
宽的形态，收笔处压笔明
显。"虽穷人多累"（见
图9-9）："虽穷人"用
笔轻盈，结字疏朗，与"多
累"二字的紧凑厚重形成
巨大反差，赋予作品灵动
的韵律美。这种对比在优
秀绘画、音乐作品中皆有
体现。比如绘画作品中的
疏密对比增强作品的构图
感，比如乐曲中的快慢节

图9-8 "就体力占之"

图9-9 "虽穷人多累"

奏对比让音乐更灵活动听。此帖的整体节奏先紧后松，这与作者书写的内容以及当时心境有很大关系。作品开始陈述的皆为不好之事，文徵明心情压抑，落在纸上的线条也是稳定严谨，后半部分提及喜事，心情随之变好，手中的笔也变得灵动活泼起来。前后的起伏变化使整幅作品生动婉转，逸趣横生。

按上述方法进行分组，单组拿出来反复临写，更能准确把握字帖结字与节奏特点，之后再整体临写，方能模仿一二。若要形神兼备，还须临习文徵明更多作品，感悟其整体艺术风格与深厚文化功底。以上是作者临写中的一些思考，望对读者学习有些许启发（见图 9-10）。

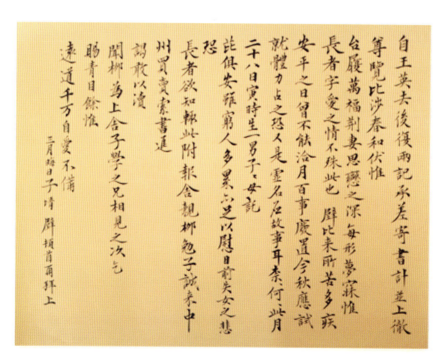

图 9-10 作者临《自王英去后帖》

附 临习感悟 王珣《伯远帖》

晋人书法被视为书法史上的高峰，其代表人物是世称"二王"的王羲之、王献之父子，以及王氏家族成员。玄学影响下的晋人书法，神韵清远，呈现风度翩翩的韵致，尤其在行、草书上，开创了一个新的高度。近人马宗霍在《书林藻鉴》中有云："书以晋为最工，亦以晋人为最盛。晋之书，亦犹唐之诗，宋之词，元之曲，皆所谓一代之尚也。"①

王珣，字元琳，小名法护，王洽长子，东晋豪门士族之首王导之孙，王献之是其族弟。以书法著称，其代表作品为《伯远帖》。目前，《伯远帖》（见图 10-1）被学界视为现所见存世最早、流传有序且比较肯定的晋人墨迹，曾先后经宋宣和内府、董其昌等收藏，清乾隆皇帝将其与王羲之《快雪时晴帖》、王献之《中秋帖》合称"三希"并刻入《三希堂法帖》，可见其对这三帖的喜爱程度。

---

① 马宗霍. 书林藻鉴 书林记事［M］，北京：文物出版社，2015，43.

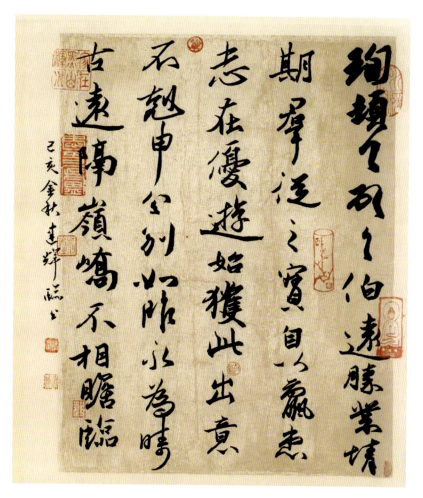

附图 1 《伯远帖》

　　古代书写用的小木片叫"札"，书札又称尺牍、手札或信札，是古人书写信件沟通联系的重要方式。尺牍不仅能够反映书者的性格和学识修养等，更能反映其书法水平。由于年代久远，晋人书迹大都已佚，"二王"书作也仅以数种唐摹本及刻帖的形式存世。《伯远帖》的传世，可以使我们更加清晰地窥见晋人用笔的丰富和挥洒自如的书写风范，是我们学习晋人书法的典范。

　　《伯远帖》摆脱了篆籀的厚重气息，体现轻便灵活之势，用笔上多以侧锋取妍，行笔自然流畅；结体近扁方，欹侧中略带横势，字态生动活泼，尽显东晋书法尚韵之风。董其昌谓此帖："潇洒古淡，东晋风流宛然在眼。"②

临习此帖，应注意以下要点：

一、此帖虽是行书，字态多取横张之势，尤其横画故意纵之，如"远""古""从"等为典型。

二、此帖起笔皆顺势出锋，线条率多呈弧状。"不"字的撇笔、"远""从""游"等字的捺笔，出锋有翻挑之意。笔画转折处，大多方正刚劲，行笔遒劲，停顿自然，较多地保存了楷书用笔的严谨性。

三、此帖除首行"顿首"二字连笔外，大都字字独立，疏密有致。字的结构安排非常有特点，如"伯"字故意拉大左右两部分的距离，"群"字收敛横画而突出竖画，"从"字抑左扬右等，整幅作品布局灵动，协调统一，毫无刻意之嫌。

四、首"珣顿首"三字较之其他，用笔明显粗重，字形也偏大，凸显稳重，统领全篇。

客观地说，王珣《伯远帖》恬淡飘逸，尽显东晋尚韵之风。只不过相比"二王"丰富的书法遗产（唐摹本以及散刻在法帖中的书迹），王珣的影响力小很多。但毋庸置疑，《伯远帖》辗转千年，遗存至今，是中国书法史上的典范之作。众所周知，临习经典法帖，是每位学书者必经之路。就《伯远帖》而言，学书者临习时当坚持全文通临，汲取书写技巧，逐字明其义，辨其形，反复实践，笔耕不辍，方为有效的临习之道。

---

② 董其昌. 画禅室随笔［M］，南京：江苏教育出版社，2005，93.